NÃO CONTA PARA OS MEUS PAIS

Pilar Guembe e Carlos Goñi

NÃO CONTA PARA OS MEUS PAIS

TRADUÇÃO
Maria Alzira Brum Lemos

Relume Dumará

Título original: No se lo digas a mis padres

Publicado por Relume Dumará Editora Ltda.
Rua Nova Jerusalém, 345 – Bonsucesso
CEP 21042-235 – Rio de Janeiro, RJ
Tel. (21)2564-6869 (PABX) – Fax (21)2560-1183
E-mail: relume@relumedumara.com.br

Revisão
Argemiro de Figueiredo

Editoração
Dilmo Milheiros

Capa
Simone Villas-Boas

CIP-Brasil. Catalogação-na-fonte.
Sindicato Nacional dos Editores de Livros, RJ.

G96n Guembe, Pilar
Não conta para os meus pais / Pilar Guembe e Carlos Goñi ; tradução Maria Alzira Brum Lemos. – Rio de Janeiro : Relume Dumará, 2005

Tradução de: No se lo digas a mis padres
ISBN 85-7316-387-9

1. Adolescentes – Psicologia. 2. Pais e adolescentes. I. Goñi Zubieta, Carlos, 1963-. II. Título.

05-0441 CDD 155.5
CDU 159.922.8

Para nossos filhos: Adrián e Paula

AGRADECIMENTOS

A todos os adolescentes, protagonistas deste livro.
A Ana Castany, que nos ajudou na revisão do texto,
e a José María Ponz, por seus valiosos comentários.

SUMÁRIO

Apresentação 13

1. Já não sou mais criança 19
   Contexto: deixá-los crescer 20
   Prevenir e corrigir 21

2. Fim de semana a mil 25
   Contexto: drogas sintéticas 26
   Prevenir e corrigir 28

3. A noite inteira conectado 31
   Contexto: os perigos da Internet 32
   Prevenir e corrigir 33

4. Eu me vejo gorda 37
   Contexto: transtornos alimentares 38
   Prevenir e corrigir 39

5. Quero mais 43
   Contexto: o consumismo 44
   Prevenir e corrigir 45

6. Eu me divirto brigando 49
   Contexto: agressividade e violência 50
   Prevenir e corrigir 51

7. OS EXTRATERRESTRES VÃO SALVAR O MUNDO ... 55
Contexto: as seitas ... 56
Prevenir e corrigir ... 57

8. ATAQUE DE PÂNICO ... 59
Contexto: transtornos psicológicos ... 60
Prevenir e corrigir ... 61

9. QUERO SER JOGADOR DE FUTEBOL ... 65
Contexto: ser realistas ... 66
Prevenir e corrigir ... 67

10. TROCO DE ROUPA NO ELEVADOR ... 71
Contexto: a moda ... 72
Prevenir e corrigir ... 73

11. NÃO CONSIGO LARGAR O VÍCIO ... 75
Contexto: a cocaína ... 76
Prevenir e corrigir ... 77

12. MEUS PAIS NÃO SE GOSTAM ... 81
Contexto: a separação dos pais ... 82
Prevenir e corrigir ... 83

13. EU GOSTO DE BEBER ... 87
Contexto: o álcool ... 88
Prevenir e corrigir ... 89

14. NÃO TENHO AMIGAS ... 93
Contexto: a amizade ... 94
Prevenir e corrigir ... 95

15. MEU NAMORADO TERMINOU COMIGO ... 97
Contexto: desilusões amorosas ... 98
Prevenir e corrigir ... 99

16. EU PREFERIA NÃO TER NASCIDO 103
Contexto: o suicídio 104
Prevenir e corrigir 105

17. NÃO SUPORTO O MEU IRMÃO 109
Contexto: rivalidade entre irmãos 110
Prevenir e corrigir 111

18. SERÁ QUE EU SOU HOMOSSEXUAL? 115
Contexto: identificação sexual 116
Prevenir e corrigir 117

19. MINHA MELHOR AMIGA ESTÁ MORRENDO 121
Contexto: a dor, a doença e a morte 122
Prevenir e corrigir 123

20. QUERO FAZER PLÁSTICA 127
Contexto: o culto ao corpo 128
Prevenir e corrigir 129

21. NÃO SOU LADRÃO 133
Contexto: prêmios e castigos 134
Prevenir e corrigir 136

22. SE EU NÃO FIZER, MEU NAMORADO VAI ME LARGAR 141
Contexto: relações sexuais 142
Prevenir e corrigir 143

23. TENHO MEDO DO MEU PAI 147
Contexto: exercer a autoridade na adolescência 148
Prevenir e corrigir 149

24. SÃO SÓ CHAMADAS PERDIDAS 153
Contexto: o celular 154
Prevenir e corrigir 155

25. Sobe a adrenalina . . . 159
Contexto: a velocidade e o risco . . . 160
Prevenir e corrigir . . . 161

26. Tenho a minha tribo . . . 165
Contexto: tribos urbanas . . . 166
Prevenir e corrigir . . . 167

27. Estou grávida . . . 171
Contexto: a gravidez na adolescência . . . 172
Prevenir e corrigir . . . 173

28. Meu pai quer que eu seja médico . . . 177
Contexto: orientação acadêmica e profissional . . . 178
Prevenir e corrigir . . . 179

29. Estou esgotado . . . 183
Contexto: o tempo livre . . . 184
Prevenir e corrigir . . . 185

30. Dinheiro falso . . . 189
Contexto: a consciência . . . 190
Prevenir e corrigir . . . 191

30 + 1. Estou namorando um rapaz negro . . . 195
Contexto: uma sociedade intercultural . . . 196
Aprender com nossos filhos . . . 198

APRESENTAÇÃO

Os adolescentes têm necessidade de conversar. Têm necessidade de expressar seus sentimentos, suas preocupações, suas ilusões. Têm necessidade de verbalizar suas experiências, contar suas coisas, comunicar-se. Falam pouco em casa, mas fora não ficam quietos: mantêm conversas intermináveis com os amigos. Falam, sobretudo, entre eles; no entanto, fecham-se quase totalmente com os pais.

Nós temos a sorte de ser amigos de meninos e meninas adolescentes. Nossa condição de educadores nos leva a lidar com eles, a ouvir muitas confidências e a fazer nossos os seus problemas. Eles sabem que não fazemos isto por curiosidade, mas para ajudá-los, que suas histórias nos interessam porque nos importamos com eles e, sobretudo, que vamos guardar segredo profissional (por isto, na narração dos casos, mudamos os nomes e algumas circunstâncias, para preservar a intimidade dos protagonistas). Nosso trabalho profissional nos transforma em confidentes de adolescentes que não se atrevem a se abrir com os pais, talvez porque não encontrem neles a proximidade, a receptividade e a compreensão de que precisam.

"Não conta para os meus pais" é a frase com que os adolescentes costumam encerrar suas confidências. Os pais se queixam de que eles não contam nada em casa, de que lhes é difícil conversar, de que sempre respondem com monossílabos. Muitas vezes eles parecem ausentes, imersos no seu próprio mundo. "Não conseguimos saber o que passa pela cabeça dele", confessam os pais com verdadeira impotência, já que a relação com filhos adolescentes requer adaptar-se a uma nova etapa da vida, nem melhor nem pior que as outras, simplesmente diferente.

Numa certa ocasião, um adolescente definiu essa etapa da seguinte maneira: "A adolescência é uma doença que acomete os pais quando os filhos têm entre 12 e 18 anos". Do ponto de vista dos filhos, são os pais que estão na "aborrescência", que estão "esquisitos" e "na deles". E não deixam de ter razão, porque, mais que de adolescentes difíceis, há que se falar de pais desorientados. Alguns confessam estar tão desorientados que não sabem o que fazer, como tratar os filhos, que regras seguir. Mas a desorientação é mútua: os adolescentes tampouco sabem o que está acontecendo com eles.

Acreditamos que a definição que acabamos de citar se ajusta em boa medida à realidade; no entanto, a adolescência não é, de forma alguma, uma doença. É mais semelhante a uma gravidez. Pode-se dizer que o adolescente está grávido, porque carrega dentro de si um ser que deve nascer para a vida adulta. Não é de se estranhar, então, que se sinta esquisito, que não saiba o que lhe acontece, que tenha caprichos e mudanças de humor; que sofra. O adolescente tem de passar por um verdadeiro parto, longo e doloroso, e dar à luz aquele homem ou aquela mulher que está dentro dele. Quem está a ponto de nascer pela segunda vez é ele mesmo, mas deve nascer para uma nova etapa. Daí a confusão, a insegurança, a incerteza.

O que os pais podem fazer? Pouco e muito ao mesmo tempo. Devem saber estar presentes sem que se perceba, assistir ao parto, ajudar a nascer, enfim: fazer o papel de parteira. Nesse momento vital os filhos devem ser os protagonistas de sua própria educação: são eles que têm de dar à luz (ninguém pode fazer isto por eles), mas precisam da ajuda da parteira, não para que os substitua, o que, aliás, é impossível, mas para que se sintam protegidos. Mais do que em outras etapas, é necessário que nesse momento crucial os pais atuem socraticamente, ou seja, que ajudem seus filhos adolescentes a dar à luz, a nascer para a vida adulta.

A adolescência é uma viagem de exploração, uma travessia às

vezes turbulenta na qual a pessoa vai aprendendo a ser quem é. Ao longo desse período, ocorre o descobrimento da intimidade. Da mesma forma que para a criança tudo o que a rodeia é novo, para o adolescente a novidade é aquilo que ele sente dentro de si. Sem perceber, está se tornando adulto, e num plano múltiplo: no biológico, sente que seu corpo muda; no intelectual, pode pensar hipoteticamente e realizar operações formais sem ter de fazer referência ao concreto; no volitivo, descobre a liberdade. Mas, assim como às vezes lhe é difícil controlar o corpo que cresce à sua revelia, do mesmo modo tem de ir aprendendo a dominar sua inteligência e sua vontade. A forma de fazer isto é colocando-se a si mesmo (e aos que estão ao seu redor) à prova, pelo que às vezes desafia as normas, rebela-se contra a autoridade, critica regras estabelecidas, tem reações contraditórias, mostra-se provocativo e pode chegar a colocar-se em situações de risco.

A adolescência é uma segunda "idade do por quê". Como as crianças pequenas, que não param de perguntar o porquê de tudo, o adolescente se faz perguntas profundas sobre o sentido da vida e da morte, sobre o destino do mundo, a felicidade e a liberdade, mas, diferentemente da criança, é ele mesmo quem tem de respondê-las. As respostas dos adultos não lhe servem; ele quer encontrar suas próprias respostas. Para isto, necessita de muitos momentos de intimidade e de diálogo, ser ouvido e levado em consideração, ser valorizado e amado.

Na relação entre pais e filhos, a chave está no diálogo. Conversar sobre um problema é meio caminho andado para solucioná-lo. Pretender educar sem propiciar o diálogo é como tentar construir uma casa sem um cimento firme. Mas como é difícil conversar com os filhos adolescentes! Quantas conversas acabam em monólogos! Quantas parecem "diálogos de surdos"! Quantas terminam numa nova briga! "Meu filho não me escuta", "não se pode falar com ela", "sempre acabamos aos gritos", "parece que falamos línguas diferentes"... são, em geral, as queixas, justificadas, de muitos pais. A verdade é que não é fácil conversar com eles, mas deve-se tentar. Talvez se possa começar tendo em conta que o diálogo com adolescentes tem alguns requisitos:

Em primeiro lugar, trata-se de criar o ambiente propício e escolher o momento adequado: não quando os pais querem, mas quando eles precisam. Não é fácil estipular um momento do dia para conversar, porque talvez ele tenha "alguma coisa para contar" no momento menos oportuno. Neste caso, deve-se largar tudo para atendê-lo, porque, ainda que nesse momento possa haver coisas muito urgentes, certamente não há nada mais importante. Se deixa-se passar a ocasião, porque "agora não, estou ocupada" ou "depois você me conta, agora tenho de trabalhar", esta terá desaparecido para sempre. Por isto, é fundamental que os adolescentes saibam que podem sempre contar com os pais, que eles estão presentes, e que estejam de fato.

O requisito de toda comunicação é a confiança. Se na primeira vez que um filho faz a seus pais uma confidência "um tanto pesada", eles põem as mãos na cabeça, armam um escândalo e o castigam severamente, provavelmente esta será a última vez que o filho vai se abrir com eles. A confiança é uma virtude recíproca, quem a outorga ao mesmo tempo a recebe. Não é uma virtude que se adquire, mas que se oferece. É a condição de todo diálogo.

O terceiro requisito para que o diálogo com os filhos adolescentes funcione é aceitar suas maneiras. Não podemos imaginar que haverá o momento perfeito. Nós, os adultos, temos de contribuir com a serenidade; os filhos provavelmente sairão do tom, levantarão a voz ou discutirão apaixonadamente. Pretender uma conversa afável com um filho ou uma filha adolescente é não entender o registro deles.

No diálogo argumenta-se. Não se trata de travar batalhas dialéticas, nas quais perde quem grita menos e ninguém ganha, mas de argumentar e fazer argumentar. Mas isto não se consegue colocando na mesa razões que sejam boas do ponto de vista dos pais, mas de apresentar razões que tenham peso para os filhos. Pode ser que para um adolescente "estudar para ser alguma coisa na vida" não tenha tanto peso quanto "estudar para poder trabalhar no que você gosta".

Em quinto lugar, pais e filhos devem tentar chegar a estabelecer acordos. "Regatear" pode ser uma forma muito útil de conversação. Neste caso, é preciso saber ceder no superficial para "ganhar" no essencial. Talvez valha a pena "trocar" um corte de cabelo por um domingo com a família. A questão é que, quando se faz um acordo, se estabelece um compromisso, e o compromisso une.

Por último, deve-se aproveitar o diálogo para dar critérios aos filhos. Não se trata de fazer de cada conversa um sermão ou uma reprimenda, que geralmente não servem para nada, porque o filho já está de sobreaviso. Os sermões e as broncas são como aquelas tempestades que dão sinais de que estão se aproximando e, por isto, nos dão tempo para achar um abrigo ou pegar o guarda-chuva: a gente pode se molhar uma vez, mas não nas outras vezes. Continuando com esta metáfora, as conversas com os filhos adolescentes não devem ser tempestuosas; devem ser como um chuvisco fino, que não consegue nos alarmar a ponto de procurar abrigo ou pegar o guarda-chuva mas que acaba nos molhando. Esse chuvisqueiro contínuo permite que os pais possam ir semeando valores e critérios em seus filhos.

Os casos narrados a seguir pretendem ser uma oportunidade para que os pais reflitam sobre sua estratégia educativa, para que conheçam as preocupações dos adolescentes e vejam com otimismo sua tarefa. A primeira dificuldade com a qual se defrontam é que desconhecem o que está acontecendo com os filhos; por isto, seria bom ler estas confidências, pois não se pode solucionar um problema cuja existência ignoramos. Com esta intenção, reproduzimos 31 conversas com adolescentes, delimitamos seus contextos e acrescentamos algumas orientações que podem servir para os pais tanto no sentido de prevenir quanto de corrigir situações similares às apresentadas.

Esperamos que este livro seja útil para muitos pais, que os ajude a conhecer, a compreender e a educar seus filhos adolescentes.

1

JÁ NÃO SOU MAIS CRIANÇA

Noélia foi a única de sua turma que não foi à atividade cultural extraclasse. Perguntei-lhe o que tinha acontecido.

– Minha mãe ligou para avisar o diretor que eu não ia, porque eu não estava bem.

– O que você tinha?

– Nada. Era só uma desculpa.

– Mas eu pensei que você tivesse muita vontade de praticar esportes de aventura.

– Com certeza. Mas no último instante minha mãe ficou com medo e me decepcionou.

Entendi o que tinha acontecido, porque conhecia a mãe de Noélia. Tínhamos conversado muitas vezes sobre este assunto. Ela é muito resistente a que sua filha faça atividades fora do recinto escolar, diz que não consegue evitar de pensar que vai acontecer alguma coisa ruim. É uma mãe superprotetora e sofredora, sempre foi. Mas agora a filha está começando a se sentir sufocada: tem 13 anos e não quer mais ser tratada como criança.

– Eu já não sou mais criança! – gritou irritada –. Estou farta de ser tratada como uma menininha. Não posso escolher minha própria roupa nem fazer nada. Um dia combinei de encontrar uma amiga para comprar uma camiseta e minha mãe apareceu na loja. O que você acha? Ela inventa todo tipo de desculpa para se meter na minha vida e decidir por mim. Nem sequer me deixa errar sozinha.

– Você quer que eu fale com ela?

– Não ia adiantar. Você já fez isto várias vezes.

– E com o seu pai?

Noélia não respondeu, ficou um momento pensativa e por fim disse:

– Quer saber o que eu decidi?

– O quê?

– A partir de agora não vou mais ligar para ela e vou tomar minhas próprias decisões. Da próxima vez não vou contar nada e vou fazer o que eu bem entender.

– Você acha que é uma boa solução?

– Acho que é a única. Mas, antes de qualquer coisa, não conta para os meus pais.

Contexto: deixá-los crescer

Dom Quixote diz que os filhos são "pedaços das entranhas dos pais", e não deixa de ter razão. A verdade é que os filhos são tudo para os pais: dariam a vida por eles. A natureza, que é sábia, determina que o amor pelos filhos é o mais forte, o mais duradouro e o único que não requer reciprocidade. E o Evangelho, que encerra grandes verdades, nos lembra que nenhum pai daria a seus filhos uma pedra se eles tivessem pedido pão nem uma serpente se eles tivessem pedido peixe, mas que sempre tentaria dar-lhes coisas boas. Que poderoso é o instinto de preservação da prole! Mas às vezes superprotegemos os filhos e não os deixamos crescer. Todos os pais amam seus filhos, mas nem todos sabem amar.

Não raro transformamos nosso amor pelos filhos num excesso de proteção e acabamos sufocando-os sem querer; não os deixamos tomar suas próprias decisões nem se equivocar, colocamos um freio em seu desenvolvimento pessoal e os autorizamos a ser imaturos. Queremos o melhor para os nossos filhos, e talvez aí esteja o erro. Não se trata tanto de querer o melhor, mas o bem deles. Diz-se que o melhor é inimigo do bem, e neste caso costuma ser verdade, porque "o melhor" é, em geral, o melhor para os pais, não para os filhos. Comprar um sorvete para uma criança que faz birra na rua pode ser "o melhor" para evitar problemas, mas não é bom para a educação dessa criança. O caminho fácil não é sempre o melhor caminho. Fácil é, por exemplo, arrumar a cama para os filhos: ganhamos tempo e não temos de ensiná-los a arrumá-la nem brigamos com eles, mas a longo prazo estaremos transformando-os em acomodados. É muito mais complicado e penoso conseguir que sejam pessoas trabalhadeiras. Também se costuma dizer que os defeitos dos filhos são os fracassos dos pais. Devemos pensar nisto.

Na relação com nossos filhos, usamos coração demais e cabeça de menos. Carregamos o amor com excesso de sentimentalismo e o transformamos em carinho. E o carinho cega o amor. Os filhos são as "vítimas" do amor cego de seus pais: começam se aproveitando dos privilégios desse amor e acabam reivindicando mais exigência e menos proteção. Sabemos que eles têm de passar por maus momentos, e que somente assim aprenderão a superá-los, mas não queremos vê-los sofrer porque, no fundo, nós não queremos sofrer. Trata-se, nada mais nada menos, de deixá-los crescer.

Prevenir e corrigir

O excesso de proteção de alguns pais, como no caso de Noélia, impede os filhos de crescer. Assim, criam-se pessoas dependentes e imaturas, com medo do futuro, incapazes de decidir e que resistem a crescer. Esses pais têm a falsa idéia de que protegem mais e melhor seus filhos se os encerram dentro de uma redoma de cristal. Em alguns casos, os filhos nem chegam a se dar conta de que estão vivendo dentro de uma redoma até que saem, então sentem-se absolutamente indefesos e continuam buscando refúgio na "barra da saia da mamãe". Essas pessoas não chegam nunca a ser verdadeiramente maduras: serão homens e mulheres na idade, mas crianças nas ações. Em outros casos, o adolescente percebe que está preso e, quando não agüenta mais, quebra a redoma com uma atitude contestadora, provocativa e rebelde, em casos extremos chega, inclusive, a sair da casa dos pais.

Na vida de uma pessoa o cordão umbilical deve ser cortado duas vezes. Da primeira vez, o cordão é cortado fisicamente, depois do parto, para que o bebê possa sobreviver fora da matriz. Da segunda vez, é um cordão de outro tipo que deve ser cortado, aquele que une o filho à sua família e o faz depender dela. Neste caso, o corte não é físico, mas afetivo, e se realiza de forma gradual ao longo da adolescência. O primeiro cordão é cortado pelos médicos, o segundo tem de ser cortado pelos pais: cedo ou tarde eles têm de permitir que seu filho nasça novamente.

Se no primeiro nascimento a mãe e o bebê sofrem, da mesma maneira, neste segundo nascimento, as dores do parto são partilhadas: os pais sofrem porque percebem que seu filho se independentiza e os filhos, porque têm de iniciar seu próprio caminho. Devemos assumir isto.

Para propiciar este segundo nascimento, temos de ter em mente algumas regras, como:

- Proteger nossos filhos não significa mantê-los dentro de uma bolha. Talvez isto seja o mais fácil para nós, mas, a longo prazo, não o será para eles.
- Dar-lhes, aos poucos, pequenas responsabilidades conforme a idade pode ser o começo da autonomia deles.
- Tratá-los como "adultos", não como crianças grandes. Devemos tratar os filhos não como aquilo que são mas como aquilo que gostaríamos que eles fossem.
- Deixar que se equivoquem e aprendam com seus erros. Não se trata de aprender na marra, mas de exercerem sua liberdade.

Para que nossos filhos amadureçam, devemos ajudá-los a:

- Aceitar a realidade tal como ela é, não como eles a imaginam.
- Viver abertos para os outros.

- Assumir as próprias frustrações.
- Ter senso de humor, para que saibam afrontar com otimismo as adversidades.
- Aceitar-se como são.
- Agir com capacidade crítica, sendo capazes de evitar tanto o gregarismo como o individualismo.
- Respeitar os outros pontos de vista.
- Assumir deveres e obrigações sociais.

No caso de haver conflitos com nosso/a filho/a, é bom falar com professores, amigos ou profissionais, para que nos dêem um ponto de vista objetivo sobre nossa forma de agir.

2

FIM DE SEMANA A MIL

Na sexta-feira, na aula de Psicologia, falamos sobre as drogas e seus efeitos físicos, psicológicos e comportamentais. Uma pergunta, saída da psicologia, provocou um intenso debate: as drogas são uma coisa negativa? Pouco a pouco, formaram-se dois grupos: um que condenava o uso de qualquer tipo de droga e outro que defendia o consumo de drogas como uma forma mais de diversão. Este último grupo era capitaneado por Daniela, uma menina de 16 anos com grandes olhos negros.

Claro que Daniela era contra o uso de drogas pesadas como a heroína ou a coca, inclusive achava errado fumar e beber. Ela se considerava uma garota saudável mas que, para poder se divertir ao máximo durante o fim de semana, tomava pastilhas. Para ela, as pastilhas não eram droga, mas um composto químico ("uma espécie de vitaminas") que mitigava o cansaço e proporcionava energia para continuar dançando por horas e horas. Além do mais, a faziam sentir-se bem, eufórica e sensível.

– O importante é se divertir – argumentava Daniela –, e se você pode contar com "alguma coisa" que ajuda neste sentido, maravilha. Se você toma um porre, no dia seguinte fica com uma enorme ressaca, mas, depois de um fim de semana tomando pastilhas, não fica com ressaca nem com dor de cabeça. Claro que fico cansada, mas tenho a semana toda para recuperar as forças.

Eu percebia que alguns alunos pensavam como Daniela mas estavam deixando que ela fizesse o papel de porta-voz. Era uma garota inteligente e com personalidade marcante. Logicamente que nem todos estavam de acordo com seus argumentos e diziam que aqueles que se drogam são covardes, que dependem de uma substância para se divertir, que não têm critérios e que se deixam levar pelas modas. Mas ninguém podia desmontar os argumentos de Daniela, porque ninguém havia atacado a premissa principal: "o importante é se divertir". Então, eu falei:

– É ótimo se divertir. Se isto for considerado a coisa mais importante de sua vida, acima de tudo, os argumentos de Daniela ganham muita força: é somente uma questão de fazer um balanço das perdas e ganhos.

Neste momento, a campainha tocou e adiamos o debate para a próxima segunda-feira. Todos saíram da sala, menos Daniela. Aproximou-se de minha mesa e disse:

– Tomo pastilhas há quatro meses e não me aconteceu nada. Ninguém percebe.

– As suas notas baixaram – observei com o intuito de provocá-la.

– O que acontece é que para mim ser aprovada já está mais do que bom. Você sabe que eu não pretendo ir para a Universidade.

– Você não dizia isto no começo do curso.

– Mas agora mudei de opinião.

– Por que você não pára de se drogar, Daniela? – perguntei, olhando-a nos grandes olhos negros.

– Eu não me drogo – respondeu com veemência –. É como eu falei na sala: aproveito ao máximo o fim de semana, se não fizer isto agora, não poderei fazer nunca mais. Quando quiser, eu paro de tomar pastilhas e pronto. Não se preocupe e, por favor, não conta para os meus pais.

Contexto: drogas sintéticas

Milhares de jovens, como Daniela, passam o fim de semana a mil. Para eles o que importa, acima de tudo, é se divertir. Para isto, não hesitam em tomar estimulantes com o objetivo de agüentar longas horas de balada e experimentar novas emoções. Um pequeno comprimido, que se ingere num instante, contém os elementos químicos suficientes para deixá-los "ligados", uma "onda de calor" cujos efeitos são sensação de grande euforia, aumento da empatia e da capacidade de relacionar-se, diminuição da sensação de cansaço e intensificação da sensualidade. Essa droga alucinógena (MDMA), chamada de ecstasy, é sintetizada em laboratórios clandestinos e distribuída de maneira ilegal em bares e discotecas, geralmente nos banheiros e estacionamentos.

Os efeitos dessas drogas são demolidores. Como já se comprovou em alguns casos, uma única pastilha pode chegar a matar. Ninguém é capaz de prever os efeitos que essa droga pode causar em cada consumidor. Embora não sejam observadas conseqüências negativas imediatas, o jovem que toma ecstasy está matando seu cérebro aos poucos e pagará por isto em algum momento. Faz pouco mais de dez anos que o consumo de drogas sintéticas se estendeu por nosso país (junto com a expansão das festas e locais de música eletrônica) e já conhecemos alguns dos seus efeitos a longo prazo: foram descritos quadros psicóticos, fobias, ataques de pânico, paranóias, desorientação e confusão, insônia etc., provocados pelo consumo de ecstasy.

Como um adolescente entra no labirinto da droga sintética? De uma maneira muito simples. Da primeira vez devem ter lhe colocado uma pastilha na boca enquanto dançava numa discoteca. Naquela noite, durante um par de horas, tempo que dura o efeito, se sentiu o "rei da cocada preta". Depois, voltou para casa e não aconteceu nada. No fim de semana seguinte comprou uma pastilha, no outro, duas, depois três e mais. Logo se tornou um novo consumidor. Mas a mesada já não era suficiente para cobrir os gastos, então decidiu "passar" as pastilhas: o risco era mínimo, e tirava o suficiente para o seu consumo. Não foi mais longe: durante vários anos, viveu para o fim de semana. Parou de estudar e agora trabalha como entregador. Toda semana comparece à unidade de toxicômanos do Hospital e faz tratamento para depressão. Aos 24 anos, não sai de casa.

Prevenir e corrigir

O debate continuou na segunda-feira. Daniela estava muito cansada e mal participou. Conversamos durante quase meia hora sobre o direito à diversão. Quase todos acreditavam que se tratava de um direito fundamental. Percebi que meus argumentos não calavam em suas mentes porque haviam crescido num ambiente que lhes inculcou como objetivo máximo a busca do prazer e a diversão. Por isto, a melhor forma de prevenir o consumo de todo tipo de drogas, e em especial das drogas sintéticas, passa por alargar os horizontes das metas de nossos filhos, por ensiná-los a querer alcançar objetivos mais nobres do que a obtenção do prazer fácil ou a diversão a todo custo. Do contrário, o argumento "faço porque me divirto" torna-se irrefutável.

Para conseguir essa ampliação das metas que previna o consumo de drogas, temos de trabalhar na seguinte linha:

• Na base de qualquer tarefa preventiva estão a confiança e a comunicação. Devemos manter sempre um clima de confiança com nossos filhos e zelar especialmente por ele no momento em que eles chegam à adolescência. Se confiam em nós, se a comunicação não se interrompeu (mesmo que adotando outras formas), já temos um bom caminho andado. Para não perder a comunicação e a confiança com nossos filhos no que diz respeito a esses temas, não devemos nos escandalizar com o que eles contêm e fazê-los ver que sempre estamos ao seu lado.

• Informá-los desde os 13 anos, e mesmo antes conforme o caso, a respeito do efeito das drogas, dos tipos que existem e como elas são. Seria bom que nesta tarefa informativa também interviessem professores, profissionais (médicos de família, psicólogo da escola), irmãos mais velhos, outros familiares. Pode-se também usar livros, folhetos ou documentários publicados para esse fim.

• Um exemplo vale mais do que mil palavras. Se perceberem que abusamos dos remédios, que por qualquer pequeno mal-estar nos entupimos de comprimidos, se fazemos comentários do tipo "graças às aspirinas, consegui agüentar o dia inteiro", se transformamos os medicamentos em parte do nosso cardápio diário, estamos sem querer incitando-os ao consumo de drogas.

• Conseguir que eles sejam capazes de se automotivar, que não dependam de um estímulo ou uma recompensa para fazer as coisas. Isto nos levará a repensar o sistema de motivações que utilizamos. Se os acostumamos a fazer tudo só para evitar um castigo ou para receber um prêmio, devemos ter em mente que o "prêmio" que as drogas prometem é muito atraente.

• Controlar os estímulos. O ambiente que nos rodeia, música, publicidade, televisão... supõe um bombardeio contínuo de estímulos que incitam a busca do prazer acima de tudo, por isto, é importante neutralizá-los em casa mediante um controle dos programas de televisão, da publicidade, da música que ouvem, dos videogames...

• Não ficar passivos com respeito à realidade, mas ser críticos e ensiná-los a sê-lo também.

• Não dar tudo o que pedem. Uma criança "viciada" em guloseimas tem mais probabilidades de ser um adolescente viciado em drogas.

• Zelar pelo seu equilíbrio emocional. Não criar para eles uma imagem negativa de si próprios. Devemos tomar cuidado com os comentários que fazemos e com os castigos excessivos, além de apresentar-lhes atividades nas quais possam ter sucesso, dizer que gostamos deles...

• Estar atentos para as mudanças bruscas de hábitos: forma de se vestir, baixo rendimento e/ou absenteísmo escolar, novas amizades, horários intempestivos, preocupação excessiva com dinheiro, mudanças de personalidade, comportamento estranho...

• Existe um detector de drogas de uso doméstico. Chama-se Arifarm-Test, um sistema que, em apenas três minutos, aplicado sobre o suor ou a urina, permite detectar as substâncias, como anfetamina, ecstasy, cocaína ou maconha, que a pessoa consumiu.

Não achamos que seja uma boa idéia utilizá-lo, porque poderia provocar uma falta de confiança entre pais e filhos. Não se trata de fazer papel de espiões: é melhor conversar do que comprar o teste.

O que fazer se nosso filho ou filha consome drogas sintéticas?

• A primeira coisa que devemos fazer é adquirir um bom conhecimento sobre esse tipo de droga, suas características e seus efeitos.

• Fazê-lo ver que tem um problema do qual pode sair e que nós estamos ao seu lado para ajudá-lo.

• Frente a esse tipo de problemática, é melhor buscar a ajuda de um psiquiatra ou de um psicólogo, inclusive de uma clínica de desintoxicação.

• Provocar uma mudança de ambiente mediante um acordo com nosso/a filho/a.

• Procurar, com a ajuda pertinente, os problemas que sem dúvida estão por trás desse comportamento. Temos de pensar que as drogas, mais que um problema, são uma má solução para um problema.

• Não tratá-lo como um drogado nem dizer que o é. Não estamos contra ele ou ela, mas contra seu comportamento circunstancial.

• É importante que tudo o que fizermos seja combinado e que não tentemos alcançar metas a curto prazo. Se tensionarmos demais, a relação poderá se romper, provocando um afastamento definitivo.

3

A NOITE INTEIRA CONECTADO

Estou falando com Inácio, um menino de 16 anos, um pouco introvertido e bastante tímido. Alguns professores estão se queixando de que ele parece muito cansado e que às vezes dorme nas aulas.

– Eu fico estudando até tarde.

A resposta de Inácio não é muito convincente, porque suas notas baixaram no último trimestre. Faço com que perceba isto. Então, ele me conta que começa a estudar, mas que se distrai logo em seguida. Em sua mesa de estudo tem um computador com o Messenger instalado. Embora tenha os livros diante dos olhos, não pode se concentrar porque está continuamente preocupado em saber quem está se conectando. No momento em que um dos seus muitos contatos o faz, ele entra na rede e só sai depois de várias horas.

– Passo a noite inteira conectado. Às vezes, venho à aula sem ter dormido. Normalmente fico até as quatro ou cinco da madrugada. Durmo duas ou três horas e venho pro colégio. Nas duas primeiras aulas fico mal, mas depois me recupero. Quando chego em casa, durmo à tarde até a hora em que meus pais chegam do trabalho. Depois, à noite, não tenho sono.

Inácio relata que, quando está na rede, as horas passam voando. Ele tem quase uma centena de contatos, gente de todas as idades e de todos os lugares do mundo. Seu *nick* é “oicangi68” e ele se apresenta como um rapaz alto e loiro (ele é baixinho e moreno), faixa preta de judô e estudante de Direito. Sob essa falsa identidade, pode dizer qualquer coisa e pode ser o que não é.

Mas o maior problema de Inácio nesse momento é que ele se apaixonou via Internet. Está mantendo um relacionamento virtual com uma pessoa a quem não conhece e que inclusive pode não ser real. Mas ele não se importa. Pela primeira vez está sentindo o que é estar apaixonado. Ele se abriu com esse "contato" e acha que "ela" também. Trocaram fotos e combinaram de se conhecer em carne e osso no verão.

– Não sei o que vou fazer para conhecê-la, mas darei um jeito. Talvez eu vá viver com ela... mas não conta para os meus pais.

Contexto: os perigos da Internet

Um novo elemento a ser levado em conta na educação de nossos filhos entrou em nossas casas: a Internet. Com a Internet, não apenas se infiltraram vários canais, como aconteceu com a televisão, como chegou tudo, absolutamente tudo. A grande rede informática transformou o insignificante monitor do computador, que até há alguns anos servia, no máximo, como tela para videogames, em uma janela para o mundo. Do seu quarto, qualquer adolescente pode aceder a um universo infinito, pode manter contato com centenas de pessoas de todo o planeta, pode explorar lugares inimagináveis..., mas também pode cair nas "redes" invisíveis da grande rede.

Não há dúvida de que a Internet representa um grande avanço nos sistemas de comunicação e informação. Por correio eletrônico, listas de discussão ou *chats*, podemos entrar em contato com qualquer pessoa de qualquer parte do mundo. Graças à Internet temos acesso de forma quase instantânea a um volume de informação potencialmente infinito. Por tudo isto, nossos filhos adolescentes, que necessitam mais do que ninguém se comunicar e se informar, agradecem. Na idade em que estão, tanto a comunicação como a informação são imprescindíveis para seu amadurecimento como pessoas. O problema está, como em qualquer avanço tecnológico, no uso que fazemos desses recursos. Dispor de muitos meios de comunicação não significa realmente comunicar-se, assim como dispor de muita informação não implica maior conhecimento. Pode ocorrer um paradoxo, e realmente ocorre: quanto mais acesso temos à comunicação, mais isolados estamos; quanto mais informação temos, mais ignorantes somos.

Embora o valor educativo de uma rede que nos coloca ao alcance da mão todo tipo de informação seja indiscutível, os inconvenientes que apresenta são muitos. A fascinação produzida pelo fato de que, com um único movimento do dedo indicador (foram feitos muitos anúncios publicitários aludindo a esse fato), se possa navegar por toda a rede tem características de vício. Do ponto de vista da educação, os perigos da Internet são inúmeros. A curiosidade quase impulsiva que ela desperta é um deles: o que haverá naquela página, que mensagens terei no correio eletrônico, com quem falarei nesta tarde... Pode-se dizer que uma das vantagens perigosas da Internet é seu imediatismo. Os avanços tecnológicos (carros, aviões, computadores, telefones) nos levam a viver depressa, demasiadamente depressa, nos acostumam a ter tudo aqui e agora de uma forma quase imediata. Neste sentido, a grande rede informática gerou uma necessidade urgente de gratificação, que, se não for obtida, causa ansiedade, nervosismo e mal-estar. Outros perigos da Internet são: perda de tempo (o qual, paradoxalmente, deveríamos ganhar), a existência de conteúdos não adequados sobre sexo, violência, drogas, grupos radicais..., inibição das relações sociais, transtornos psicológicos, como duplicação da personalidade, paranóias etc.

Sem dúvida, estamos na era da comunicação e da informação. Mas temos de continuar aprendendo a nos comunicar e a nos informar.

Prevenir e corrigir

Já dissemos que, dadas suas necessidades de comunicação e informação, os adolescentes sentem grande atração pela Internet. É bom que nossos filhos sejam internautas experientes, que naveguem pela rede com desenvoltura, que sejam capazes de buscar informação e de utilizá-la; mas, sem o devido controle, eles correm o risco de se perder nessa selva de páginas interativas e endereços eletrônicos.

Para evitar os perigos do uso da Internet por parte de nossos filhos, devemos ter em conta o seguinte:

- Navegar juntos, pelo menos nas primeiras vezes, e depois, de vez em quando.
- Colocar o computador num cômodo de uso comum da casa. Se o colocarmos no quarto do adolescente, será muito difícil compatibilizar o controle do uso do computador com o respeito à sua intimidade.
- Controlar o uso por meio de bloqueios de tempo, filtros, consulta ao histórico... É melhor que eles tenham conhecimento desse controle, nunca devemos tentar pegá-los em flagrante: nossa intenção é educar e prevenir, não "capturar delinqüentes".
- Conhecer páginas positivas e enriquecedoras. Existem infinidades de *webs* muito boas e de conteúdo diverso. O que temos de fazer é procurá-las e proporcioná-las a nossos filhos.
- Interessar-nos pelo uso que eles fazem do computador no colégio, no cibercafé ou com os amigos. Não adianta nada controlar em casa se não nos preocuparmos com o que eles fazem fora.
- Estabelecer juntos regras de uso: pedir permissão para entrar na Internet; definir horários; limitar os *chats;* não dar informações pessoais para desconhecidos; não se encontrar com pessoas que tenham conhecido pela Internet; não usar o cartão de crédito; antes de fazer uma compra, conversar até chegar num consenso.

Se nosso filho está viciado na rede, devemos:

- Verificar se, por trás de sua forma de agir, existem problemas pessoais, dificuldades de relação social ou de comunicação etc.

• Falar sobre os riscos reais da Internet.

• Fazê-lo perceber, de uma maneira realista, que não é positiva uma coisa que o faz perder tanto tempo, tantas horas de sono, que o leva ao abandono ou à queda de desempenho nos estudos e que o afasta dos amigos "reais"...

• Utilizar formas de controle do uso da Internet, como tirar o computador do quarto, estabelecer horários etc.

• Controlar o tempo de conexão e reduzi-lo aos poucos.

• Estar presente no início ou em algum momento da conexão.

• Comentar com ele ou ela casos reais de pessoas que tiveram uma má experiência com contatos que conheceram na Internet, que tiveram transtornos psicóticos, que entraram para grupos radicais ou que chegaram a delinqüir impulsionadas pelas andanças na rede.

• Se o caso for grave, consultar um psiquiatra ou um psicólogo.

• Ocupar seu tempo livre com outras atividades culturais ou esportivas que impliquem uma relação "real" com outras pessoas e o façam sair de casa.

4

EU ME VEJO GORDA

No intervalo da aula, Ana disse que queria falar comigo. Marcamos na hora do recreio. Ana tem 14 anos, cursa a 8ª série do Ensino Fundamental* e está indo bem. É responsável e estudiosa, apresenta todos os trabalhos e sempre faz os deveres. Fisicamente é uma garota normal, embora, segundo ela, esteja um pouco "gordinha" em comparação com as colegas.

Ana foi direto ao ponto.

– Estou assustada. Ultimamente tenho tido enjôos.

– Você foi ao médico?

– Fui... Quero dizer... Na verdade, não. Minha mãe foi, e ele lhe explicou o que está acontecendo. Ela acha que é um problema nas cervicais.

– Ela acha?

– Ela não sabe o que realmente está acontecendo comigo. Vou contar para você, mas não conta para os meus pais...

Em alguns minutos, Ana relatou que há algumas semanas estava vomitando tudo o que comia. Isto havia começado como uma forma fácil de perder alguns quilinhos que ameaçavam não deixá-la ficar tão bem nos modelitos quanto suas amigas. Com o objetivo de

---

* Os níveis da educação de crianças e adolescentes na Espanha são: *Infantil* (3 a 6 anos); *Primaria* (Primária) (6 a 12 anos) *ESO (Educación Secundaria Obligatoria)* (Educação Secundária Obrigatória) (12 a 16 anos) e *Bachirellato* (Bacharelado) (16 a 18 anos). As referências foram adaptadas ao contexto brasileiro (N. da T.).

emagrecer, jogava o sanduíche que trazia para o colégio no lixo e, como conseqüência, chegava à hora do almoço morta de fome. Em casa, almoçava sozinha, porque os pais estavam trabalhando e o irmão chegava mais tarde. Depois de comer vorazmente, ia ao banheiro e vomitava. Fazia o mesmo com o jantar; com a desculpa de escovar os dentes, provocava o vômito. No início pensou que podia dominar a situação e, com a finalidade de controlar o peso, decidiu continuar fazendo isto durante alguns dias.

Mas quando quis voltar atrás, não pôde. Cada vez que comia, tinha a sensação de que estava inchada e que ia ficar gorda como uma baleia. Essa sensação lhe causava tal estado de ansiedade que precisava vomitar para se sentir bem. Em seguida vieram os enjôos, e foi quando Ana se assustou. Não disse nada em casa sobre o que estava acontecendo, porque tinha vergonha e porque achava que podia sair sozinha do atoleiro. Contar a seus pais era dar mostras de debilidade, e ela acreditava ser uma garota forte.

Depois de nossa conversa, convenci Ana de que a melhor coisa a fazer seria explicar a situação para seus pais e colocar-se sob os cuidados de um médico. Ela me pediu que ligasse para eles e lhes contasse tudo.

Contexto: transtornos alimentares

Ana teve um transtorno alimentar. Este tipo de problema é, infelizmente, muito freqüente entre as adolescentes. Os transtornos alimentares mais graves são a anorexia e a bulimia. A anorexia se caracteriza pelo medo obsessivo de engordar, o que leva a pessoa a deixar de comer até o ponto de colocar em risco a própria saúde. Embora o componente fisiológico seja crucial, a chamada anorexia nervosa é causada fundamentalmente por um fator psicológico que faz com que as pessoas anoréxicas tenham uma imagem distorcida do seu corpo. Vários fatores pessoais e socioculturais, como auto-exigência, perfeccionismo, baixa auto-estima, pressão do grupo, modas, publicidade etc., influem para essa distorção. Essas pessoas realmente se vêem gordas, mesmo não estando. Embora não acreditem e, muitas vezes, a família não entenda, são pessoas doentes que precisam de tratamento médico (um em cada dez doentes de anorexia perde a vida).

Já a pessoa bulímica não se recusa a comer, mas apresenta um comportamento contraditório: faz verdadeiras comilanças, come com ansiedade e sem medida e, depois, com medo de engordar, provoca o vômito. Esse comportamento não implica, em geral, uma perda significativa de peso. Se as anoréxicas não aceitam que são doentes, as pessoas que sofrem de bulimia são conscientes do que fazem, embora possam chegar a perder o controle da situação. A pessoa bulímica costuma ser impulsiva, intolerante e predisposta à frustração e à depressão.

Deve-se ter em conta que mais da metade das anoréxicas desenvolve episódios bulímicos e que essas doenças não existem no Terceiro Mundo; são uma "invenção" ocidental.

Prevenir e corrigir

Na hora de prevenir esses comportamentos realmente patológicos, é preciso considerar que, embora eles afetem sobretudo as meninas adolescentes, são cada vez mais freqüentes os casos de meninos com bulimia e anorexia.

Devemos estar atentos sobretudo a alguns sintomas que podem significar a presença de um transtorno alimentar em nossos/as filhos/as: obsessão com o peso e com a silhueta; negar, com freqüência e sem motivo, que estejam com fome; demonstrar fixação por revistas de moda; preocupação excessiva em conhecer o valor calórico dos alimentos; comportamento irritável; mudanças bruscas de humor; insônia, apatia ou problemas de concentração; enjôos; olhos fundos; aspecto abatido, comer impulsivamente etc.

Algumas orientações que devem ser seguidas:

• Não valorizar apenas o físico. A pessoa é muito mais que seu aspecto físico. Evitar comentários do tipo "Coitada dessa menina, como está gorda", "Que sorte tem fulano: está sempre magro", "Como tem coragem de se vestir assim com aquela barriga?", "Eu tenho de perder uns quilinhos"...

• Cuidado com as dietas. Algumas mães estão sempre fazendo dieta. Não parecem satisfeitas com o corpo e a cada temporada tentam um novo tipo de regime. São um exemplo nefasto para as filhas. Em algumas pessoas essa preocupação com a dieta é acompanhada por uma verdadeira obsessão pela academia.

• Manter uma alimentação saudável. Moderar o consumo de salgadinhos, doces, massas, sorvetes, *fast food*... Não permitir guloseimas na hora do almoço.

• Tentar fazer as refeições em família. Se não puderem estar juntos na hora do almoço, tentar fazê-lo no jantar. Observar o comportamento à mesa e depois.

• Procurar saber, pelo orientador ou responsável correspondente, se comem, quanto e de que maneira no refeitório da escola.

• Cuidado com o perfeccionismo. Deve-se aspirar às coisas bem feitas, não à perfeição inalcançável.

• Ser realistas quanto às aspirações de nossos filhos. Devemos exigir deles de acordo com suas possibilidades. A exigência excessiva pode sufocá-los e gerar estados de ansiedade e depressão. Gostamos deles pelo que são, não pelo que fazem ou conseguem.

• Se um filho ou uma filha diz que quer fazer regime, não desprezar seu propósito. É melhor levá-lo/a a um endocrinologista, para que avalie a situação, do que nos arriscar a que façam regime escondido.

• Trabalhar a auto-estima e a aceitação de si mesmos. Destacar seus traços positivos.

• Manter sempre um bom nível de comunicação tanto no que diz respeito aos assuntos importantes como aos triviais. Não desqualificar uma conversa por considerar o assunto "coisa de criança".

• Não superproteger nossos filhos, pois desta forma nunca amadurecerão.

Se nosso filho ou filha apresenta esse tipo de comportamento, devemos:

• Ver a situação como aquilo que realmente é, uma doença, não um capricho ou teimosia de adolescente. Ele ou ela precisa mais do que nunca de nosso apoio e ajuda. Por si mesmo, não pode sair de onde está.

• Colocar-se aos cuidados de um psicólogo. Seguir seus conselhos e recomendações. Neste caso não há soluções caseiras.

• Não buscar culpados. Apoiar nosso/a filho/a, dar-lhe afeto e compreensão. Estamos ao seu lado e do seu lado.

• Fazer contato, se considerarmos necessário, com o colégio, para que o orientador conheça a situação.

• Buscar apoio em associações de ajuda mútua e luta contra a bulimia e a anorexia.

5

QUERO MAIS

Quando vi César com seu enésimo modelito em uma semana, não pude conter um comentário sarcástico:

– Você deve ter um armário enorme.

Ele sorriu, como sempre fazia, e eu fiquei sem saber o efeito do meu comentário. À tarde tivemos reunião da equipe de educadores e veio à tona o caso de César. Nós todos tínhamos notado que seu rendimento caíra e que parecia apático e distraído nas aulas. Até a 8ª série havia sido um garoto dedicado e que tirava boas notas.

No dia seguinte, falei com ele. Contou muitas coisas sobre seus novos amigos, seus gostos, falou também que o celular que tinha comprado no mês passado já estava obsoleto e que, por isto, estava querendo comprar outro. Mostrou-me o tal celular: tinha a metade do tamanho do meu e podia fazer um monte de coisas incríveis. Eu não entendia por que César queria trocá-lo.

– Porque este já está fora de moda.

– Onde você vai arranjar tanto dinheiro?

– Eu tenho. Meus pais me dão tudo o que eu preciso.

Falou sobre as quantias que manejava. Era impressionante! Além do mais, tinha um cartão de crédito para seu uso pessoal. É preciso que se diga: seus pais eram ricos.

Claro que dinheiro não era problema para César. Seu problema residia no que fazer com o dinheiro. De uns meses para cá, ele tinha se tornado um consumidor compulsivo. Só pensava em comprar.

Todos os dias, estreava uma roupa ou um sapato, usava óculos de sol de todos os modelos e cores, comprava todas as novidades discográficas, não para ouvi-las, mas simplesmente para tê-las. Àquela altura do curso (dois trimestres), já havia trocado de celular três vezes e estava pensando em comprar outro. Enfim, se ficava um dia sem comprar alguma coisa, sentia-se infeliz.

O baixo rendimento escolar se justificava. Não passava pela sua cabeça nada além de comprar: CDs, roupas, celulares, jogos, acessórios de computador, sapatos, óculos de sol, DVDs e um longo etcétera. Essa atitude o tornava repulsivo para os colegas, porque César não se importava com as pessoas mas somente com as coisas. Ele não parecia perceber que estava ficando sozinho e que só conversava com seus colegas sobre banalidades: as novas formas de conexão à Internet, o último jogo do Playstation, um conversível BMW, a potência de tal moto ou a forma de se vestir de algum ator da moda. Quando tentei fazer com que percebesse isto, ele falou:

– Vou trocar de celular. Acho que eles não vão se importar, mas não conta para os meus pais.

Contexto: o consumismo

O consumismo é a ideologia dominante nas nossas sociedades ocidentais. O motor de nossa economia se retroalimenta à base de consumo e mais consumo. Todos nós estamos submetidos à pressão do consumo e todos nós consumimos (somos consumidores, o que não é a mesma coisa que ser consumistas). Respiramos um ar rarefeito que pode vir a ser letal: o consumismo está catalogado como uma doença, o que significa que repercute não apenas no comportamento como também na saúde mental e emocional das pessoas a quem afeta.

O consumista vive num estado de ansiedade contínua, nunca se sente satisfeito e tem necessidade de comprar. Comporta-se de maneira compulsiva, adquire muitas coisas que nunca chegará a usar e das quais pode perfeitamente prescindir. Não dá valor para o esforço nem para o sacrifício, para ele ser é ter.

Embora o vício do consumo, como todo vício, responda a certas características psíquicas do sujeito, é motivado pelo ambiente. Assim, a moda, as grifes, a publicidade, o ideal imperante de ter etc., alimentam essa atitude.

Prevenir e corrigir

Diz-se que a virtude da qual nossa sociedade mais necessita é a sobriedade. De fato, num ambiente consumista como o que nos envolve, a sobriedade é a melhor vacina. Talvez carecer seja do que mais necessitemos hoje em dia. Por isto, não seria exagero dar menos aos nossos filhos, para que eles sejam capazes de se sacrificar e possam ser livres para renunciar a alguma coisa de que necessitem.

Se não queremos que nossos filhos sejam consumistas, devemos:

- Pregar com o exemplo. Se nós estamos presos na roda do consumo, se o passeio familiar do fim de semana se resume a ir ao shopping center, se somente falamos do carro que gostaríamos de ter ou "olha só a casa que o fulano tem", estamos colocando nossos filhos no redemoinho do consumismo.
- Às vezes, temos a falsa idéia de que o melhor que podemos fazer por nossos filhos é dar a eles tudo aquilo que não tivemos. É difícil negar um brinquedo a uma criança de seis anos, sobretudo se, para consegui-lo, ela faz birra; no entanto, negando-o (é mais fácil comprá-lo), a estamos educando.
- Quase sempre se cai no consumismo por falta de critérios próprios. Por isto temos de ensinar nossos filhos a discernir entre aquilo que realmente necessitam e um simples capricho ou compra motivada por pura pressão comercial. Se fizermos isto desde que eles são pequenos, conseguiremos.
- Manter sempre a comunicação em família. É bom acostumá-

los a pedir permissão para comprar alguma coisa, mesmo que seja com seu próprio dinheiro.

• Conhecer os filhos. Pode parecer estranho, mas muitos pais não conhecem seus filhos. A confiança cega (que não é confiança, mas indiferença) impede de perceber o problema quando este ainda está se forjando: talvez a criança esteja obcecada demais com as figurinhas ou nunca brinque duas vezes com o mesmo brinquedo...

• Controlar os gastos e a mesada. Numa certa idade, nossos filhos têm uma habilidade especial para aglutinar dinheiro: mesadas dos avós, tios, padrinhos, extras de Natal e aniversário, venda de brinquedos usados...

• Mas a coisa mais importante que podemos fazer para evitar que nossos filhos caiam no poço sem fundo do consumismo é ajudá-los a buscar um sentido para suas vidas e a ser homens e mulheres cujos interesses estejam além do apenas possuir: que sejam bons amigos, bons profissionais, bons colegas, que valorizem as pessoas pelo que são, não pelo que têm. Ensinar que as coisas são apenas meios e as pessoas, fins.

O consumismo pode ser considerado um vício e, como tal, tem um tratamento. O que podemos fazer se nosso/a filho/a está preso ao consumismo?

• Em primeiro lugar, dar-lhe afeto. A ânsia de ter está relacionada com a falta de afeto. Talvez não possamos saber como nem quando se produziu esse déficit (isto já não importa), mas podemos nos dedicar a ele ou ela e preencher esse vazio.

• Ensiná-los a administrar o dinheiro. A partir de agora é como se sua empresa estivesse falindo e fosse necessário apertar os cintos.

• Demonstrar que se pode aproveitar com as coisas simples. Uma boa terapia seria acampar na montanha: contemplar as estrelas ou um amanhecer, respirar ar puro, tomar um gole de água fresca, comer um sanduíche no meio do campo... são coisas bonitas que não se compram.

• Controlar a entrada em casa de estimuladores de consumo: revistas sobre celulares, carros, computadores, videogames... e publicidade em geral.

• Praticar a generosidade. Visitar um orfanato ou um refeitório beneficente pode ser uma terapia de choque; assistir a um documentário sobre o Terceiro Mundo também serve.

• Fazer com que ele ou ela perceba que é mais uma vítima do consumismo e mostrar-lhe os interesses que há por trás.

6

EU ME DIVIRTO BRIGANDO

Mais uma vez, havia problemas com Verônica.

– Ela me deu um tapa, assim sem mais nem menos.

– E me disse que, da próxima vez que eu cruzar o seu caminho, vou ver o que é bom. Ela vive me ameaçando.

– Ontem jogou o meu sanduíche no lixo e hoje me mandou esse bilhete.

O bilhete tinha um tom de ameaça e estava cheio de insultos que não vou reproduzir. Não é a primeira vez que essas meninas, colegas de classe de Verônica, se queixam de seu comportamento agressivo. Eu falei muitas vezes com ela, inclusive chegou a ser expulsa, há quinze dias, por agredir um menino da 6ª série, dois anos mais novo que ela. Verônica diz que a provocam e que simplesmente se defende, mas eu sei que não é assim: a agressividade que demonstra é totalmente gratuita, inclusive é parte do seu jeito de ser.

Deixei que os ânimos se acalmassem e no último horário tirei Verônica da sala para falar sobre o assunto. Ela apresentou suas razões, justificou suas atitudes "porque são uns moleques" e em nenhum momento pareceu arrependida. Seus olhos faiscavam de ira enquanto falava. Quando acabou de explicar seus motivos, fez-se um incômodo silêncio, então olhei nos seus olhos e perguntei carinhosamente:

– Por que você faz isto, Verônica?

Demorou para responder, mas por fim disse friamente:

– Não sei. Acho divertido provocar os outros. Eu me sinto forte, superior a eles.

Em seguida, contou que era racista e que nos fins de semana saía com uma turma que se dedicava a provocar jovens de outras etnias. Muitas vezes acabavam brigando, mas os meninos não deixavam que as meninas interviessem, embora ela, uma vez ou outra, tenha chegado às vias de fato com meninas ciganas.

– A violência está em toda parte, ou você bate ou apanha – foi seu último argumento.

Tenho de dizer que, até quando falava comigo, Verônica tinha um tom agressivo. Antes de sair da minha sala, disse no mesmo tom: não conta para os meus pais.

Contexto: agressividade e violência

A agressividade e a violência se tornaram para muitas pessoas uma forma de se comportar e mesmo de se divertir. O aumento da delinqüência, os casos de violência doméstica, os comportamentos agressivos na escola, no trabalho e até no Parlamento, o vandalismo nas ruas, o fanatismo no esporte ou na política... são claras demonstrações de que usamos mais a razão da força do que a força da razão. O cinema e a televisão também atiçam a brasa da violência que dorme no coração do homem: os noticiários estão cheios de notícias violentas, o cinema mostra cenas de violência como um condimento quase indispensável, os programas infantis estão carregados desse tipo de conteúdo. Nossa própria forma de viver incita a violência: o individualismo, o anonimato, a desconfiança, a insegurança, a cultura do sucesso e do triunfo sobre os outros... são estufas onde crescem com facilidade atitudes e comportamentos agressivos.

Às vezes, a agressividade aparece como um traço da personalidade e outras, como um condicionamento ambiental; raramente é uma disfunção genética. Existe a agressividade emocional, fruto de um sentimento ou estado emocional determinado, e a instrumental, quando é conscientemente utilizada para conseguir alguma coisa. A violência emocional se manifesta, em geral, nas escolas de Ensino Fundamental, enquanto que a instrumentalizada é mais própria dos alunos do Ensino Médio, capazes de organizar seus atos violentos com um fim determinado.

Ao contrário do que muitas vezes se pensa, a agressividade não se acumula e, portanto, é falsa a idéia de que é preciso descarregá-la de vez em quando, como quando se diz: "Afinal, explodiu". É por esse motivo que se costuma aconselhar o violento a canalizar sua agressividade numa atividade de violência controlada, como o esporte. No entanto, é preciso dizer que os esportes agressivos, longe de diminuir a agressividade, a estimulam. Da mesma forma que se preparar para a guerra nunca foi uma garantia de paz (apesar do conhecido ditado "se deseja a paz, prepara a guerra"), brincar de ser violentos não nos torna menos violentos.

Prevenir e corrigir

Verônica se divertia agredindo. Aprendeu (nós a ensinamos assim) que "é preciso ir pela vida pisando firme, senão te passam para trás", viu milhares de cenas violentas em filmes e programas de televisão, entendeu que é mais divertido perseguir do que ser perseguida, maltratar do que ser maltratada, dominar do que ser dominada. A agressividade de Verônica é tanto emocional quanto instrumental: é resultado daquilo que lhe transmitimos.

Sem dúvida, a violência nos rodeia por todos os lados; por isto mesmo, a família deve ser o lugar no qual se educa na paz e para a paz. Podemos conseguir isso se nos propusermos a:

- Controlar a influência dos meios de comunicação sobre nossos filhos. Por que censuramos um programa por conter cenas de sexo e não fazemos a mesma coisa com os que estão carregados de violência física, psíquica ou verbal?
- Estimular mecanismos de autocontrole em nossos filhos. É preciso ensinar-lhes a se controlar desde pequenos; quanto mais ca-

pazes forem de se autocontrolar, mais isso se notará na adolescência, quando esse aspecto começa a esmorecer. Aos quatro anos, podemos ensinar-lhes que há outras formas de defender um brinquedo sem ser brigar.

• Coerência entre o que falamos e o que fazemos. Não podemos dizer a uma criança de sete anos "Não se deve bater" enquanto lhe damos dois tapas no traseiro. Ela pensará: "Bater não pode ser tão ruim, pois minha mãe me bate...".

• Reafirmar sua auto-estima. Muitas atitudes agressivas denotam falta de auto-estima. Quem age com violência quer se sentir forte, temido, superior.

• Educá-los na empatia. Ensiná-los a se colocar no lugar dos outros; certamente não farão aos outros o que não querem que façam a eles.

• Não ser excessivamente permissivos. Se a criança faz tudo o que tem vontade, quando tiver vontade de agredir, agredirá.

• Importância da reflexão e da cultura da paz. Ensiná-los a refletir antes de agir e a valorizar a paz em todos os âmbitos. Aproveitar um programa ou uma notícia para conversar e refletir sobre a importância de colaborar na construção da paz como tarefa de todos.

• Transmitir calma e tranqüilidade em casa. Se o estado normal de nossa casa é o de um campo de batalha, se perdemos a paciência com facilidade, se a voz se eleva mais do que o necessário... é mais fácil que nossos filhos se tornem agressivos do que se temos por hábito enfrentar os problemas com serenidade, se dialogamos em vez de gritar e tentamos criar um ambiente sossegado que desestimule qualquer princípio de violência.

• Não educar na competição, mas na colaboração. Ensinar que os outros não são um obstáculo para nossa felicidade, mas que, ao contrário, nunca seremos felizes se estivermos continuamente brigados com o mundo.

• Não valorizar a força, o poder, o sucesso acima de tudo. Há outros valores mais fortes, mais poderosos e que por si mesmos já significam sucesso, como a generosidade, a amizade, o respeito, a solidariedade, o amor...

• Ensiná-los a ser assertivos, a expressar suas opiniões sem subjugar ou violar os direitos dos outros. A assertividade é um termo médio entre a passividade e a agressividade que requer uma aprendizagem. Desde pequenos podemos praticar com eles a assertividade, fugindo tanto dos comportamentos passivos como dos agressivos.

Mas o que fazer se nosso/a filho/a foi expulso/a do colégio por comportamento agressivo ou se notamos que ele ou ela exala violência por todos os poros?

• Antes de mais nada, devemos analisar que tipo de comportamento violento nosso filho apresenta e o que o está provocando. Deve-se considerar a consulta a um especialista.

• Tratá-lo de forma respeitosa. Não impor um castigo violento, degradante ou excessivamente duradouro. Estaríamos respondendo na mesma moeda.

• Demonstrar-lhe que a violência não serve para nada, que só gera mais violência.

• Ensinar-lhe respostas mais ponderadas e socialmente aceitas. Existem habilidades sociais que devem ser aprendidas. O "se baterem em você, bata também" não soluciona nada. Há outras possibilidades, que devem ser ensinadas, como, por exemplo, os processos de mediação entre iguais. Esses processos estão sendo postos em prática em algumas escolas e consistem em formar alunos como mediadores, que serão encarregados de solucionar os conflitos entre iguais sem necessidade de recorrer a instâncias superiores, como o Conselho da Escola.

• Canalizar a energia que se expressa como agressividade em outras atividades: esportes, *hobbies*, atividades lúdicas, passeios...

7

OS EXTRATERRESTRES VÃO SALVAR O MUNDO

– Estou preocupada com o Santiago. Ele está muito estranho ultimamente. Faz meses que não sai com a gente e fala umas coisas esquisitas. Agora anda dizendo que os extraterrestres vão salvar o mundo e que temos de estar preparados para a vinda deles. O pessoal leva na brincadeira, mas eu estou preocupada.

– Você falou isso para ele?

– Falei, mas ele respondeu que não tenho por que me preocupar, que ele agora se encontrou e coisas desse tipo. Há algum tempo tem ido a umas reuniões para aprender relaxamento e técnicas de auto-ajuda. Para ele, as pessoas que freqüentam essas reuniões são como sua família. Ele me convidou para ir um dia, mas eu tenho um pouco de medo.

Agradeci a Sandra por sua confidência e prometi que falaria com Santiago. Fiz isto no dia seguinte. Falamos de filosofia (ele adorava) e o convidei a relatar seu ponto de vista. Em seguida, passou a expor uma visão de mundo carregada de dogmatismo.

– Eu não sei explicar muito bem – desculpou-se –, mas tem muitos livros que demonstram isto e argumentam com dados científicos.

Falou desses livros e, pouco a pouco, foi contando como fez contato com aquelas pessoas. Segundo ele, pertencem a uma organização internacional e só estão aprendendo a ajudar os outros, ou seja, a nos tirar da ignorância em que vivemos e a nos preparar para o fim do mundo. Convidaram Santiago para participar de uma conferência sobre a origem do universo, realizada por um cientista renomado, e ele ficou fascinado. Em seguida, participou de um seminário sobre o poder da mente, organizado nas dependências da organização. Lá, todo o mundo gosta dele, sente-se protegido e admirado. O diretor disse que ele tem aptidões especiais para a gnose, que é o grau de saber mais elevado. Agora está se preparando para receber o líder do grupo, que virá dentro de dois meses. Se passar nos exames, terá uma audiência privada com ele.

Estava claro que Santiago havia sido cooptado por uma seita e fiz com que soubesse disto.

– Imagine! – disse sorridente –. Há seitas por toda parte. Eu continuo sendo o mesmo de sempre, o que acontece é que graças a eles descobri que tenho qualidades que eu desconhecia. Não se preocupe. E não conta para os meus pais.

Contexto: as seitas

As seitas são organizações que aspiram a controlar seus adeptos, geralmente com o objetivo de obter lucros. Surgem e desaparecem rapidamente. Graças a determinadas técnicas de sedução e coação, conseguem suprimir totalmente o indivíduo e submeter a vontade de seus integrantes. Suas vítimas são, em geral, pessoas jovens que têm algum déficit afetivo ou baixo nível cultural. No entanto, qualquer um pode cair em suas malhas. As seitas têm um grande poder de sedução e destruição: sabem atrair suas vítimas e, depois que as capturam, as espremem completamente. Entrar em uma seita é sair de si.

As quase duas centenas de seitas que atuam em nosso país possuem traços comuns. Todas têm um líder carismático que oferece soluções simplistas e uma hierarquia muito rígida, utilizam técnicas de manipulação psicológica que anulam o indivíduo, gerando rejeição ao entorno familiar e social, e estabelecem um forte vínculo econômico, que às vezes leva o adepto a dar tudo o que possui para a seita.

Os primeiros efeitos do contato com uma seita são o desarraigamento familiar e social dos adeptos e a anulação de sua vontade. É o que se chama "lavagem cerebral". Geralmente, é feita aos poucos, de forma que as pessoas que rodeiam os adeptos, pais, familiares, amigos, só percebem quando eles já caíram na armadilha. Então, a vítima se torna "outra pessoa", a quem é muito difícil ajudar, fundamentalmente porque não reconhece que está sendo manipulada. Muitas vezes, só se dá conta quando já deu tudo e se encontra totalmente sozinha. Nesses momentos, o único apoio que tem é a família.

Prevenir e corrigir

Todos nós corremos o risco de ser cooptados por uma seita, mas as pessoas com déficit afetivo, problemas de relação social ou baixa auto-estima são mais propensas a isso. As seitas levam no papo um adolescente pouco brilhante dizendo que ele é excepcional e que sua família e seus amigos não conseguem ver isto, que tem uma habilidade oculta que eles podem ajudar a desenvolver e coisas assim. Esse adolescente, se não tiver a cabeça no lugar, cairá na armadilha. Por isto, para prevenir que nossos filhos sejam absorvidos por seitas, devemos nos certificar de que estão recebendo o afeto de que necessitam.

Também devemos:

- Procurar informações sobre as seitas e suas técnicas de cooptação. Temos ainda que manter nossos filhos informados: eles devem saber que as seitas existem e o que fazem.
- Manter sempre a comunicação e a confiança. Desta maneira, percebemos quando alguma coisa não vai bem.
- Formar seu espírito crítico, que não significa desconfiança, mas capacidade para discernir quando estão sendo manipulados.
- Educá-los nos valores. Se não oferecemos valores, eles os buscarão fora de casa. As seitas geralmente se apresentam como defen-

soras de valores como o amor, a concórdia, a paz, a justiça, a solidariedade...

• Alertá-los sobre pessoas que oferecem amizade instantânea e soluções simplistas para os problemas da humanidade, sobre projetos de vida alternativa bem como sobre cursos de relaxamento ou controle mental que não estejam abalizados por entidades reconhecidas.

Se nosso/a filho/a entrou para uma seita ou está começando a ter contato com alguma pessoa vinculada a uma delas, devemos:

• Tentar por todos os meios que ele ou ela continue mantendo contato e comunicação com o exterior. Temos de pensar que eles puxarão de um lado e nós do outro até que a corda se rompa. Se nosso/a filho/a perder o contato com seus amigos e sua família, será impossível ajudá-lo/a.

• Fazer com que saiba que o amamos e que desejamos o seu bem mais que tudo.

• Procurar o máximo de informação possível sobre a seita em questão.

• Priorizar esse problema. Temos a responsabilidade de dedicar todas as nossas forças para encontrar uma solução.

• Ter muita paciência e muita constância. Temos de ter em mente que não vamos recuperar nosso/a filho/a em dois dias.

• Procurar uma pessoa que haja pertencido a uma seita para que fale com ele ou ela.

• Procurar ajuda de especialistas.

• Não nos conformar com que ele ou ela deixe o grupo; temos de nos certificar de que abandonou totalmente o estado mental e afetivo provocado pela seita.

• Pedir ajuda a seus amigos, para que reforcem o trabalho que a família está fazendo.

8

ATAQUE DE PÂNICO

Teresa é uma aluna especialmente brilhante. Está no 3º ano do Ensino Médio e quer começar Medicina no ano que vem. Na época das provas, ela passa muito mal, fica irritável e nervosa. Neste ano, a pressão aumentou, e Teresa está num estado contínuo de ansiedade. Falei muitas vezes com ela e também com sua mãe (está separada há alguns anos). Nenhuma das duas quer admitir a realidade. Teresa acredita que tudo se deve ao fato de ela levar os estudos muito a sério, enquanto que sua mãe vê apenas um estado normal para uma menina que sempre sofreu com as provas: "no verão todos os seus males acabam", conclui.

De minha posição, não posso fazer muito mais. Falo assiduamente com Teresa e tento acalmá-la, dou alguns conselhos para combater a insônia e os problemas gastrointestinais . Sugeri várias vezes que fosse ao médico, mas isto para ela (e para sua mãe) é um exagero.

Outro dia, durante uma prova, Teresa começou a tremer. Ficamos assustados. Estava com palpitações e suava frio. Dizia que estava se sentindo muito mal e que parecia que ia morrer. Imediatamente a levamos ao hospital. Precisamos de duas pessoas para carregá-la, porque não conseguia caminhar.

No carro se tranqüilizou um pouco e me disse apenas:

– Não conta para a minha mãe.

Apesar disto, quando chegamos à Emergência, chamei sua mãe.

Teresa se colocou aos cuidados de um psiquiatra e agora está bem mais tranqüila.

Contexto: transtornos psicológicos

A depressão, a ansiedade e o estresse não afetam apenas os adultos, mas também as crianças e os adolescentes. Mais que isto: nos últimos anos está aumentando o número de diagnósticos psiquiátricos precoces. Achamos que uma criança não pode ter estresse ou ficar depressiva (fazemos pouco caso da questão dizendo que é "coisa de criança"), o que nos leva a baixar a guarda no que diz respeito aos transtornos psicológicos, que também as afetam. Pensamos que o estresse, por exemplo, é somente coisa de adultos que trabalham demais e vivem cheios de preocupações; no entanto, há muitas crianças e adolescentes com uma atividade frenética (sobrecarregados de atividades extracurriculares) e submetidos a uma pressão quase insuportável (provas, trabalhos, notas, competição social, modas...).

Entre os adolescentes, os problemas de comportamento são muito comuns e, em geral, transitórios. No entanto, não podemos descartar a possibilidade de contraírem doenças psiquiátricas como ansiedade, estresse, depressão ou diferentes fobias.

A ansiedade afeta mais as meninas do que os meninos e provoca um medo exagerado, bem como estados de pânico, ainda que não se saiba exatamente de quê. O jovem ansioso sente taquicardias, náuseas, insônia, desorientação, problemas digestivos...

O estresse está relacionado com a ansiedade e costuma aparecer com especial virulência na época das provas. Os sintomas mais característicos são: obsessão pelos estudos, incapacidade de relaxar, fazer tudo muito depressa, tendência à competição, impaciência, agressividade...

A depressão é mais comum entre os adolescentes do que se imagina. Eles se referem a ela como "deprê", e em geral se desencadeia depois de uma rejeição dos amigos, ruptura sentimental, divórcio dos pais, fracasso escolar, devido a um complexo, morte de um ser querido... Os sintomas que um jovem deprimido apresenta são: tristeza, apatia, pessimismo, angústia, sentimento de culpa, cansaço, insônia, irritabilidade, anorexia, tendências suicidas...

As fobias são medos ou temores irracionais de alguma coisa concreta. O sujeito geralmente sabe o que lhe causa fobia, no entanto, não é capaz de se controlar na situação. Pode sofrer de agarafobia (medo de lugares públicos, onde haja muita gente, como transportes públicos, ruas movimentadas etc.), fobia social (medo de falar em público, de fazer ridículo na frente dos outros, de ir a festas, reuniões, manifestações etc.) ou mesmo fobia escolar (incapacidade para seguir uma escolarização normal). As fobias causam taquicardias, sufocamentos e calafrios, contração muscular, suor excessivo...

Prevenir e corrigir

Grande parte dos transtornos psicológicos em jovens e adolescentes é causada por uma falta de formação a respeito do mundo emocional. Muitas vezes, eles sofrem sem saber por quê. Aprender a administrar as emoções, a canalizar os sentimentos, a moderar as paixões é muito mais importante do que parece. A educação sentimental deve estar orientada para conhecer com a máxima exatidão os sentimentos e verbalizá-los, para entender os efeitos de nossos sentimentos e poder controlá-los quando temos consciência de que são nocivos, para ser capazes de distinguir entre os sentimentos e a realidade. Devemos considerar que os sentimentos nos informam sobre como as coisas nos afetam, não sobre como elas são. Uma boa forma de educar sentimentos é falar deles e conhecê-los por meio dos grandes protagonistas da literatura universal, de Ulisses a Harry Potter.

Outras formas de prevenir possíveis doenças afetivas podem ser:

- Procurar fazer com que adquiram ao longo da vida autoconhecimento, autocontrole, equilíbrio emocional, capacidade de se automotivar, otimismo e constância.

• Incentivar a empatia, a capacidade de compreender os sentimentos dos outros e de aceitá-los.

• Transmitir-lhes carinho e fazer com que percebam: não economizar beijos, carícias, abraços... só porque achamos que já são muito grandes para essas demonstrações de afeto.

• Ajudá-los a desabafar, a falar de seus sentimentos, do que sentem em determinadas ocasiões, deixá-los chorar.

• Propiciar um lar silencioso e tranqüilo. A poluição acústica tem conseqüências muito nocivas sobre nossa vida psíquica: causa insônia, mal-estar, falta de concentração... Se durante algumas horas do dia conseguirmos nos isolar do ruído do mundo, nossa saúde psíquica, sem dúvida, melhorará.

• Manter sempre acesa a luz verde da comunicação. Indagá-los com mais freqüência sobre o que sentem do que sobre o que fazem. Somente assim poderemos prevenir possíveis transtornos.

• Deixar que experimentem situações frustrantes. A falta de resistência à frustração os deixa frágeis e suscetíveis.

• Transmitir otimismo e senso de humor. Isto servirá como contraponto aos maus momentos que venham a ter na vida.

• Ajudá-los a desenvolver a criatividade. Se forem criativos, se adaptarão melhor às mudanças e superarão mais facilmente as dificuldades.

• Lembrar que o esporte é saúde, também psíquica: facilita o descanso, repercute na auto-estima e dá maior equilíbrio emocional às pessoas que o praticam.

Mas, apesar de tudo, um dia poderemos encontrar nosso filho ou filha com um quadro de ansiedade, depressão, fobia ou estresse. Se esse quadro persistir por duas ou três semanas, devemos agir. Temos de pensar que estão num momento vital de instabilidade emocional e que precisam da nossa ajuda. Então, mãos à obra:

• Em primeiro lugar, devemos procurar um médico, um psiquiatra ou um psicólogo.

• Ter em conta que os medicamentos aliviam, mas não solucionam. Mesmo que os sintomas desapareçam, devemos continuar alertas. Um transtorno afetivo não é uma dor de dente.

• Manter a serenidade o tempo todo. É justamente do que ele mais necessita.

• Analisar o que há por trás dos sintomas que apresenta: o que provoca a ansiedade, a depressão ou o estresse.

• Buscar o apoio dos amigos e da escola.

• Zelar para que mantenha uma vida saudável. A alimentação correta e o descanso são mais importantes do que parecem.

• Ensinar-lhe técnicas de relaxamento. Temos de pensar que está num estado de tensão contínua e que relaxar vai ajudá-lo bastante.

• Transmitir-lhe a todo momento confiança na recuperação.

9

QUERO SER JOGADOR DE FUTEBOL

Diego é um rapaz de 16 anos que joga futebol como o próprio Maradona. Já ouvi dúzias de comentários elogiosos sobre sua técnica, sua visão de jogo e as possibilidades que ele tem de, um dia, chegar a jogar num grande time. Mas Diego é baixinho e magro, o que limita seu salto para o esporte profissional: "É uma pena que não tenha um pouco mais de corpo", lamentam seus treinadores, "poderia ir longe".

Desde que conheço Diego, sua vida está ligada ao futebol. Sempre teve certeza de que iria ser jogador. Seu pai colocou todas as esperanças nele. Vê o filho, "quando o menino crescer e mudar um pouco", jogando num time da Primeira Divisão. Não é de se estranhar que agora Diego ande com a cabeça cheia de caraminholas: só tem olhos para os jogadores profissionais, seus ganhos milionários, a vida que levam e a fama que têm. Tem certeza de que dentro de alguns anos será um deles, sabe que sua vida é o futebol e nada mais. Sempre disse que queria ser jogador.

Este ano, ele começou o Ensino Médio e pela primeira vez foi reprovado em algumas disciplinas. Depois da primeira avaliação, falei com ele. Eu o achei desmotivado e bastante apático. Não deu muita importância ao fato de ter sido reprovado em algumas matérias, porque tem certeza de que não vai terminar o Ensino Médio.

– Há um mês fui selecionado para fazer uns testes na semana que vem e estou me preparando com empenho. Se eles gostarem de mim, terei de ir e, com os treinos, não poderei estudar. Seja como for, minha profissão é o futebol.

Tentei fazê-lo ver que tem capacidade suficiente para compatibilizar o esporte e os estudos, mas ele disse que tinha de ir com tudo, que muitos ficam no meio do caminho porque não apostam para valer em suas possibilidades. Em seguida, contou que há um mês estava seguindo um duro treinamento, acompanhado pela ingestão de anabolizantes e outras substâncias para ganhar músculos e assim compensar sua baixa estatura.

– Ninguém está sabendo disto, então, por favor, não conta para os meus pais.

Como muitos outros, Diego não foi selecionado. Ficou muito mal nos meses seguintes. Largou os treinos mais duros, mas continuou iludido com a idéia de vencer no futebol. A duras penas, terminou o Ensino Médio e começou a trabalhar. Continua jogando como o próprio Maradona, num time da Terceira Divisão.

Contexto: ser realistas

Muitos garotos deixam a pele e muitas ilusões num campo de futebol, numa quadra de basquete ou de tênis. Incentivados por treinadores, pais e familiares, sonham chegar muito longe, ser ricos e famosos e viver daquilo que realmente os apaixona: o esporte. Embora sempre lhes digam que os estudos devem vir em primeiro lugar, exigem deles muitas horas de treinos e enchem suas cabeças com possibilidades incertas. Na maioria das vezes, os sonhos desses meninos são as ilusões dos pais, que vivem cada jogo (ainda que seja apenas um campeonato escolar) como uma final.

O estímulo que essas "jovens promessas" encontram em seu círculo mais íntimo é fortalecido pelo ambiente: contratos multimilionários de jogadores, a excessiva importância dada a alguns esportes, bombardeio contínuo de publicidade. Muitos protagonistas dos esportes de elite são verdadeiros ídolos para crianças e adolescentes, verdadeiros modelos a imitar que vivem em outra órbita fazendo o que gostam de fazer: jogar futebol, basquete, tênis. Dado o panorama, não é de se estranhar que um menino que se destaque em um esporte deixe os estudos de lado, a não ser que disponha de uma correta orientação, sincera e realista, por parte, sobretudo, dos seus pais. Costuma-se dizer que "apenas um em cada mil chega"; com os outros pode acontecer o mesmo que a Diego.

Essa problemática não costuma acontecer tanto com as meninas, porque os esportes que elas praticam, como a natação e a ginástica rítmica, não apresentam tantas perspectivas como o futebol ou o basquete. No entanto, alguns casos dão a ver uma situação complexa, como a profissionalização precoce em esportes como a ginástica rítmica.

Uma coisa parecida ao que ocorre com o esporte acontece com o mundo do espetáculo. Programas de televisão de grande audiência entre os jovens semeiam falsas ilusões nas mentes de muitos meninos e, neste caso, sobretudo das meninas. O mundo do espetáculo, da fama, da música e da dança, do cinema, da moda, é muito atraente para eles, mesmo que na realidade isto não se confirme: nele também há a Terceira Divisão.

Prevenir e corrigir

Às vezes, não encaramos o esporte com espírito esportivo. Esperamos dele aquilo que não lhe corresponde dar. Por si mesmo, o esporte dá saúde, força, equilíbrio emocional, auto-estima, empatia, desenvolvimento intelectual, superação pessoal etc. Ajuda nossos filhos em seu crescimento pessoal e é o melhor antídoto contra situações de risco, como as drogas. No entanto, se queremos a todo custo que nosso/a filho/a, em quem vemos boas qualidades, se torne um esportista de elite, podemos deixá-lo/a obcecado/a pelo esporte e transformar uma coisa que por si é positiva em uma fonte de problemas.

Por isto, no que diz respeito às atividades esportivas das quais nossos filhos participam, devemos ter em conta:

• Estabelecer prioridades. O esporte é essencial para a formação deles, mas deve ser compatível com os estudos. Não devemos nos esquecer de que estamos no âmbito do lúdico.

• Ser realistas quanto às possibilidades de nosso/a filho/a.

• Não exagerar suas qualidades, mesmo que ele as tenha. Se no futuro decidir seguir o caminho do esporte profissional, o esforço e o sacrifício serão mais úteis do que saber que tem boas qualidades.

• Ensiná-los a resistir à frustração: não podemos conseguir tudo o que queremos.

• Ter objetivos flexíveis. O importante não é ser jogador de futebol ou médico ou carpinteiro, mas ser um bom jogador de futebol, um bom médico ou um bom carpinteiro.

• Fazer com que perceba que na vida há muitas opções, e muitas vezes as coisas não saem como planejamos.

• Educar na paciência. É verdade que precisamos de "muita paciência" para educar na paciência. Mas vale a pena. A impaciência leva a cometer muitos erros.

• Evitar comentários do tipo: "Aquele jogador, aquele artista, ganha em uma temporada o que eu ganharei em toda a minha vida"; sem querer estaremos transformando aquele esportista num ideal para nosso/a filho/a.

• Abrir-lhe o leque de possíveis ídolos. São eles que escolhem seus ídolos, estes não podem ser impostos, mas podemos propor alternativas.

• Não transferir para nossos/as filhos/as nossas próprias aspirações frustradas.

Se nosso filho está numa situação similar à de Diego, devemos:

• Analisar com ele os prós e os contras, assim como as probabilidades de êxito.

• Conversar bastante e detalhadamente sobre sua determinação de se dedicar ao esporte em questão. Distinguir entre *hobby* e profissão. "Tirar as caraminholas da cabeça dele".

• Pedir a opinião de uma pessoa de confiança que entenda do assunto. E pedir-lhe que seja franca.

• Esclarecer sobre as substâncias que são administradas em certos treinamentos, seus efeitos e repercussões no organismo.

• Ter sempre em mente que o esporte é algo positivo, ainda que nesse momento possa estar gerando conflito. É nosso/a filho/a quem tem de decidir sobre seu futuro, mas nós temos de ajudá-lo/a a tomar a melhor decisão.

• Convencê-lo/a de que pode compatibilizar o esporte com os estudos. Procurar exemplos de grandes esportistas que conseguiram isso, como Juan Antonio Corbalán (Medicina), Iñaqui Urdangarín (Economia), Victor Muñoz (Educação Física), Xavier O'Callaghan (Administração e Economia)...

10

TROCO DE ROUPA NO ELEVADOR

Uma turminha de meninas da 7ª série anda se vestindo de maneira bastante espalhafatosa. Elas usam *tops* minúsculos que deixam a barriga de fora, minissaias e calças justíssimas, malhas coladas na pele, blusas transparentes. Além disso, se maquiam como se fossem a uma festa e não à aula. Comentamos o assunto entre os professores e achamos que essa forma de se vestir não é apropriada para a idade das meninas nem para ir à escola. Também notamos que, desde a mudança de *look*, o rendimento escolar baixou e elas se isolaram do resto da turma. Converso com uma delas.

– A gente gosta de se vestir assim. Não podemos vir à escola vestidas do jeito que bem entendemos? Além do mais, este colégio não tem uniforme.

Quem fala em nome do grupo é Rosa, uma bela menina de olhos verdes e cabelos castanhos com mechas vermelhas. Recém completou 13 anos e aparenta ter 18. Conheço-a há alguns anos e me surpreende que tenha mudado tanto de um ano para o outro.

Falei que não achávamos correto que elas viessem ao colégio vestidas daquela forma. Discutimos um bom tempo (coisa normal quando se lida com adolescentes); eu apresentei minhas razões, e elas, as delas. Ao final, explicaram que estavam "louquinhas" por uns rapazes do Ensino Médio e que se maquiavam e se vestiam daquela forma para que eles prestassem atenção nelas. Fiz com que percebessem que isso tirava a atenção dos estudos e que a única coisa que iriam conseguir seria repetir de ano.

Por fim, chegamos a um acordo: moderariam a forma de vestir, embora tenha ficado claro que já não eram mais crianças. Antes de voltar à aula, quis conversar a sós com Rosa, que estava realmente ridícula com "aquela fantasia":

– É estranho – falei – que sua mãe, a quem conheço bem, deixe você sair assim.

– É que ela não sabe de nada.

– Como assim?

– Porque... saio de casa vestida normalmente e troco de roupa no elevador. Guardo a roupa na mochila e volto a colocá-la antes de entrar em casa. Mas, por favor, não conta para os meus pais.

Contexto: a moda

Nossa sociedade valoriza sobretudo o aspecto exterior: como nos vestimos, como nos penteamos, os acessórios que usamos. A moda nos bombardeia continuamente com mudanças e nos obriga a dançar conforme a música que toca. Proliferam as revistas de moda, muitos programas de televisão mostram modelos e, freqüentemente, os telejornais encerram com imagens e comentários do último desfile de moda. Os estilistas adquiriram o nível de artistas, e a roupa se tornou um signo de identidade. A indústria da moda está no auge.

A maneira de se vestir de uma pessoa dá a primeira informação sobre ela. Existe, a respeito da vestimenta, um código velado, que nos permite interpretar seus símbolos e classificar as pessoas. Para os jovens, a forma de se vestir tem tanta importância que muitas vezes se transforma num signo de identidade, de pertencimento a um grupo ou de adesão a certos ideais. A partir de certa idade, começam a utilizar a roupa como uma forma de manifestar sua liberdade ("eu escolho o que vestir"), como meio de rebeldia ("você não gosta, mas eu gosto") e mesmo como uma forma de provocação ("uso porque quero"). Mas, na maior parte das vezes, são aprisionados pelo que "está na moda", e, embora acreditem que são eles que escolhem, estão sendo manipulados pela moda.

Embora a vestimenta esteja relacionada ao nosso aspecto exterior, ela diz muito sobre nós. Não podemos, portanto, vestir "qualquer coisa", porque para nossos semelhantes nunca estamos vestindo "qualquer coisa": nossa forma de vestir é parte de nossa forma de ser.

Prevenir e corrigir

Uma lacuna na educação de nossos filhos é a educação para o vestir. Não basta ensinar-lhes a se vestir sozinhos; é preciso transmitir critérios para que não se deixem levar pelas modas ou pelo que os outros estão usando.

Alguns desses critérios podem ser:

• Conhecer os modelos que nossos filhos seguem, porque eles tentarão se vestir como seus modelos. Em muitos casos, as revistas juvenis indicam como devem se vestir.

• Prestar atenção no exemplo que estamos dando. Cuidado com os comentários do tipo "Está demais com essa roupa", "O que faz um vestido de grife"... e com dar importância demais à roupa que vamos usar neste ou naquele compromisso.

• Também é importante o exemplo dos irmãos mais velhos. Levar em conta a diferença de idade.

• Comprar roupa com eles. Não impor, mas fazer acordos, pois, do contrário, comprariam igualmente o que quisessem.

• Ensinar-lhes o significado que podem conter certos tipos de vestimentas (pertencimento a determinados grupos e ideologias, provocação, desleixo...).

• Educá-los no pudor. Especialmente na puberdade, é muito importante que eles saibam respeitar sua intimidade, por isto, devemos respeitar a deles. Ensiná-los a respeitar o próprio corpo e o dos outros.

• Dar à roupa o valor que de fato tem. Ser moderados na compra e no uso.

• Educar no bom gosto e na elegância. Fugir dos extremos. Para se vestir bem não é necessário chamar a atenção. A elegância no vestir é expressão de uma forma elegante de ser.

• Ter em mente que cada idade e cada momento têm sua forma de se vestir. Não se deve ir a um ato acadêmico vestido da mesma forma que para passar um dia no campo.

• Dar importância também àquilo que nossos filhos usam quando são pequenos. Uma menina de seis anos pode ficar "muito engraçadinha" com um *top* e uma minissaia, mas talvez não fique tanto aos 14.

• Um adolescente obcecado por roupa é um adolescente obcecado por si próprio. Para evitar que nosso/a filho/a seja uma pessoa egocêntrica, devemos incentivar a generosidade e a solidariedade.

• Lutar sempre contra a falácia "Todo o mundo faz isto".

Se notarmos que a maneira de se vestir de nosso/a filho/a é provocativa, de mau gosto ou chamativa, devemos:

• Tentar ser tolerantes. O bom senso dirá se o assunto é realmente relevante ou não. Não vale a pena criar uma situação de tensão na relação com nosso/a filho/a por um assunto superficial.

• Fazer com que ele ou ela entenda que nossa forma de vestir repercute na percepção que os outros têm de nós.

• Refletir com ela (nos casos semelhantes ao de Rosa) por que sua forma de se vestir pode passar uma imagem de "mulher objeto". Ensinar a distinguir entre como ela se vê e como os outros a vêem.

• Fazer acordos, dar razões, conversar sobre o assunto... sem querer impor um critério não compartilhado, pois, do contrário, ela continuará trocando de roupa no elevador ou na casa das amigas.

• Convencê-los do pouco valor que tem o fato de sermos percebidos só porque estamos chamando a atenção.

11

NÃO CONSIGO LARGAR O VÍCIO

Encontrei Cosme no Estádio Municipal. Perguntei sobre sua vida. Há três anos parou de estudar e começou a trabalhar. Eu sabia que ele havia tido sérios problemas com drogas, então fui direto ao ponto, olhei nos olhos dele e disse:

– Cosme, como você está?

– Numa pior.

Enquanto assistíamos ao jogo, ele contou que começou fumando haxixe e maconha aos 14 anos, depois começou a tomar pastilhas, chegando a consumir dez ou doze numa única noite. Por fim, veio a cocaína. No começo era só uma carreirinha no sábado à noite, mas logo passaram a ser mais e mais. Acabou cheirando todos os dias.

– Chega um momento em que você não pode evitar. Quando a gente vê uma carreira, fica louco e só pensa em cheirar.

Perguntei-lhe quanto custava todo esse consumo.

– Eu cheiro tudo o que ganho. Mas não é suficiente. Eu passo para outros e consumo o que tiro. Acontece que, quanto mais você tem, mais você consome.

Contou que, depois de uns meses, começou a sentir que a brincadeira com a coca tinha fugido do seu controle; começou a notar coisas estranhas: fortes mudanças de humor, alucinações visuais, paranóias, ataques de ansiedade... e teve medo.

No verão passado disse a seus pais que ia sair de férias e aproveitou para se internar numa clínica de desintoxicação. Saiu-se bem durante algum tempo, mas, quando voltou ao ambiente de sempre com seus cúmplices (ele se recusa a chamá-los de amigos), foi novamente capturado nas malhas da droga. No entanto, Cosme quer sair desse mundo. Luta dia após dia para não colocar nada para dentro.

– O pior são as sextas-feiras. Fico totalmente nervoso, alterado, como se estivesse fora de mim, porque o fim de semana me chama. Se saio, não posso evitar de cheirar uma carreira. E se você cheira uma, cheira a noite toda. Alguns sábados fico em casa, mas fico muito mal. Quero, mas não consigo largar o vício. Às vezes, penso que é melhor morrer e pronto. Já vi muita gente ficar mal. Isso não pode continuar assim, não sei o que vai ser dessa gente que só pensa em coca. Mas tenho de sair desta e vou fazer isto sozinho.

Sugeri que a melhor forma de sair da droga é contar com as pessoas que gostam de você, fundamentalmente com os pais. Mas Cosme é orgulhoso e teimoso e diz com convicção:

– Vou sair desta sozinho. Então, não conta para os meus pais.

Contexto: a cocaína

A cocaína, pó, branquinha, é um poderoso estimulante do sistema nervoso central extraído das folhas da coca, um arbusto que cresce nos vales úmidos dos Andes. Fisicamente, provoca dilatação das pupilas, contração dos vasos sangüíneos, diminuição do apetite e perda do limite fisiológico. Em seguida ao consumo, causa uma sensação de auto-estima superdimensionada e um estado de felicidade artificial.

A cocaína foi utilizada no final do século XIX como anestésico local, especialmente em cirurgias oftalmológicas. Num primeiro momento, a companhia Coca-Cola incluiu essa substância na composição da bebida, mas, a partir de 1900, a coca foi catalogada como droga causadora de dependência e seu comércio passou para a clandestinidade. No início dos anos 90, tornou-se a "droga dos executivos", relacionada com o luxo e o sucesso, o que lhe deu "boa fama".

No final da década, seu consumo se estendeu. Atualmente, pode-se falar de uma verdadeira epidemia.

O maior perigo da coca é seu poder de causar dependência. Uma única carreira pode viciar uma pessoa. Logo após consumi-la, sente-se uma euforia, que dura entre quinze e trinta minutos; mas, depois dessa euforia, vem a depressão. Esse acentuado contraste é o que provoca a necessidade de consumir novamente e que, por fim, gera um quadro de dependência. É, portanto, mais fácil do que parece passar do consumo esporádico ao consumo habitual.

A dependência de uma droga que, além de tudo, é cara (um grama custa entre 50 e 60 euros, dependendo do grau de pureza) pode desmantelar totalmente a vida pessoal e social de um jovem. Para não se privar da dose que precisa, ele entrará no tráfico ilegal e, em momentos de apuro, será capaz de fazer qualquer coisa para conseguir a droga. As pessoas que começam a brincar com o pó branco podem ter um futuro bem negro.

Prevenir e corrigir

São muitas as causas que podem levar um adolescente a consumir drogas. Entre elas, destacam-se três: o medo de não ser aceito pelo grupo, a ousadia de pensar que pode controlar a situação e a falta de metas ou perspectivas. Essas causas indicam uma carência de valores, que ou não fomos capazes de transmitir ou se debilitaram na chegada da adolescência. Para preencher esse vazio, devemos trabalhar com os correspondentes valores preventivos, que são os seguintes:

• Contra o medo de não ser aceito pelo grupo, auto-estima e fortalecimento. Ter um bom conceito de si próprio e força para manter a identidade apesar do ambiente ou da pressão do grupo são o melhor antídoto contra a dependência.

• Contra a ousadia, prudência. Devemos ensinar nossos filhos a medir sempre as conseqüências daquilo que vão fazer. Podemos acostumá-los a fazer uma projeção do futuro de onde possam contemplar aquilo que gostariam de ter feito. Por exemplo, propondo o seguinte exercício mental: "se você escolher tal caminho, acredita que dentro de alguns anos vai se sentir orgulhoso/a de sua escolha?"

• Contra a falta de metas e perspectivas, otimismo e esforço. O otimista sabe ver o que há de positivo em todas as coisas; para ele, um problema não é uma contrariedade, mas uma ocasião para melhorar. Temos de ensinar-lhes que as coisas dão certo graças ao esforço e que, se o objetivo é bom, vale a pena se esforçar. Uma boa maneira de ensinar isto é fazer com que eles vivam a satisfação do trabalho bem feito, começando por coisas pequenas, como arrumar um quarto, terminar uma tarefa etc.

Além desses valores preventivos, temos de ter em conta:

• Quanto mais se sai, mais se consome. Quando o consumo se torna habitual, costumam sair no meio da semana.

• Controlar o dinheiro que manejam. Embora se trate do "seu" dinheiro, devemos saber em que o estão gastando.

• Conhecer com quem eles andam. Se os amigos consomem drogas, é muito provável que eles também o façam.

• Incentivar atividades culturais e esportivas. Um menino ou menina que precisa madrugar no domingo para ir pescar ou fazer uma caminhada não tem vontade de varar a noite nem de tomar nada.

• Informá-los a respeito dos efeitos da cocaína: alterações da consciência, hipertermia, perda de peso, depressão respiratória, perfuração do septo nasal, perda de memória, fraqueza, arritmias cardíacas, ansiedade, depressão, alucinações visuais e auditivas, paranóias, impotência sexual, esterilidade, convulsões.

Se, como Cosme, nosso filho já caiu na armadilha da cocaína, devemos fazer todo o possível para tirá-lo desse poço sem fundo. Por mais afundado que esteja, poderá sair se alguém lhe jogar uma corda, e temos que ter claro que nós somos a única ajuda que ele tem. Cosme confessou que havia descoberto que seus "amigos" não eram amigos, mas somente cúmplices na diversão. Por isso ele se sentia só e se esforçava para "sair desta" por seus próprios meios. Isto era um objetivo para ele.

A situação é muito complicada. Às vezes, não podemos contar com a vontade de "sair desta" que Cosme tem, mas com um filho que nega que consome e que não liga para nós. Nestes últimos casos, é muito importante que não se rompam os laços que nos unem a ele, que não saia de casa nem viva por sua conta. Por isso, temos de oferecer nossa ajuda sem que se sinta acossado e dar-lhe atenção, tratando-o sempre com muito carinho, mesmo que ele não nos pague na mesma moeda. Devemos pensar que está doente e tratá-lo como tal, nunca como um delinqüente ou um drogado. Evitaremos repreensões violentas e tentaremos ganhá-lo para uma terapia de desintoxicação, e o faremos ver que seu inimigo, e o nosso, é a droga, contra a qual lutamos juntos.

A droga, embora cause muitos problemas, não é propriamente o problema, mas uma má solução para outros problemas, como falta de comunicação, dificuldades de convivência, vazio existencial, fracasso escolar, complexos etc., que são o que realmente deve ser tratado.

12

MEUS PAIS NÃO SE GOSTAM

Há dias tenho notado que Sônia está estranha. Está mais quieta do que o normal e parece triste. Na terça-feira, encontrei-a sozinha no pátio. Achei estranho que não estivesse com as colegas da 6ª série. Aproximei-me e perguntei:

– Olá, Sônia! Por que você não está com suas amigas?

– Não estou com vontade – disse sem me olhar.

– Credo! Está acontecendo alguma coisa com você. Conta.

Quando uma menina de 12 anos está realmente preocupada, não demora muito para explicar o que está acontecendo, é só uma questão de ouvir com paciência. Como se tivesse todo o tempo do mundo (na verdade eu só tinha os dez minutos que restavam de recreio), esperei sua resposta em silêncio. Por fim, falou:

– Meus pais não se gostam.

– Por que você está dizendo isto?

– Porque eles vão se separar. Passam o tempo todo brigando, gritando e falando coisas horríveis um para o outro.

Sônia falou que se sentia muito mal, que achava que os pais não gostavam dela. Tentei fazer com que percebesse que, ainda que os pais se separassem, não significava que não gostavam mais dela. No entanto, era assim que ela via. Sentia-se esquecida, como um estorvo, inclusive às vezes se sentia culpada, como se ela fosse a causa dos problemas dos pais. Além disso, estava muito preocupada com seus dois irmãos menores. Tentava ser forte para que eles não percebessem o que estava acontecendo. Sônia começou a chorar.

– Melhor que eles não tivessem casado e não tivessem tido a gente.

– Não diga uma coisa dessas, Sônia. Por que não fala com eles e conta o que está sentindo?

– Não dariam bola. Estão preocupados demais com eles mesmos. O meu pai só liga para mim quando briga com a minha mãe, e me dá a impressão de que está fazendo média. Não agüento isto.

– Quem sabe eu falo com eles?

– Não! Por favor, não conta para os meus pais.

Contexto: a separação dos pais

Cada vez mais crianças e adolescentes têm de passar pelo trauma da separação dos pais. Seria demais pedir que os filhos compreendam a ruptura e que a encarem com tranqüilidade, porque eles são as vítimas inocentes de uma guerra da qual não participam. Sem mais nem menos, sem que eles saibam como nem por quê, os alicerces de sua vida começam a balançar, e eles sentem medo, desamor e insegurança. Essa situação explica por que os filhos tendem a pôr a culpa em um dos pais, para poder agarrar-se ao outro. É preciso entender que, nesses momentos, precisam mais do que nunca de apoio e muito carinho. Quando dizem "meus pais não *se* gostam", o que realmente estão querendo dizer é "meus pais não gostam de *mim*".

Por melhor que se conduza uma ruptura matrimonial, por mais civilizado que tenha sido o processo, por mais cuidado que se tenha tido para não envolver os filhos, os estragos colaterais são inevitáveis. O problema é que todos esses estragos colaterais afetam pessoas, sobretudo pessoas inocentes que estão se formando psíquica e emocionalmente. Numa separação, os filhos sempre saem perdendo. Tanto é assim que evitar o transtorno que se pode infligir a eles é uma boa razão (às vezes, a única) para tentar uma reconciliação. Considerar o estrago que se pode causar aos filhos tem salvado muitas crises matrimoniais e reforçado muitas relações estáveis.

Friedhem Moser se perguntava: "Por que os filhos não têm direito a veto quando os pais querem se divorciar? Por acaso não estão diretamente implicados em todos os casos e, em muitos, não são os principais prejudicados?"

Em uma sociedade que despreza o esforço e o sacrifício, que banaliza as relações pessoais, que privilegia o prazer e a diversão, que exalta o sentimentalismo vazio e justifica qualquer atuação abrindo mão do coração, não é de se estranhar que não esteja na moda "lutar para salvar meu casamento". Quando o amor acaba, quando o primeiro impulso esfria, quando se apaga a chama que se acendeu alguns anos antes... não há nada que se possa fazer. Entende-se que lutar para salvar uma relação é ir contra a natureza, uma coisa tão artificial como salvar as aparências. No entanto, o amor precisa de cuidados (às vezes, de cuidados intensivos), porque aí estão o dia-a-dia com sua monotonia, o passar dos anos que não perdoa, a convivência com suas entediantes exigências e nossa própria fraqueza, que pode chegar a nos cegar. Lutar pelo que se acredita, uma relação e uma família, pode não estar na moda, mas deveria ser considerado como uma "outra" solução para as crises matrimoniais. No entanto, a luta não deve ser coisa de um só, mas dos dois.

Prevenir e corrigir

Uma relação de casal não é um caminho de rosas. Há bons e maus momentos e inclusive momentos de amargura. A felicidade tem seus espinhos, que às vezes ferem fundo, mas que sempre podem ser extraídos e, assim, curar-se a ferida. Se frente à primeira picada damos para trás, estaremos perdendo a oportunidade de ser felizes. Uma relação deve ser cuidada como se cuida de uma árvore, se não a adubamos, podamos e regamos, não crescerá e acabará secando.

Para manter forte e viva nossa relação de casal, devemos:

- Cuidar da comunicação entre o casal, na qual deve prevalecer sempre o respeito e a admiração pelo outro.

• Ter um projeto comum, que deve ser continuamente atualizado.

• Respeitar o âmbito da liberdade da outra pessoa. Evitar todo tipo de relação possessiva.

• Frente às primeiras manifestações de crise, procurar um mediador de conflitos de casal. O bom senso dirá quando realmente se trata de uma crise ou apenas de um desentendimento normal.

• Nunca repreender o outro por aquilo que ele faz de errado, mas corrigi-lo com delicadeza.

• Fixar-se nos pontos positivos da outra pessoa. Dizer que gostamos dela e deixar que goste de nós.

• Frente a qualquer problema, não buscar culpados, mas soluções. Em tudo aquilo que acontece na vida de um casal, sempre estão envolvidos os dois. Não se trata tanto de "se um não quer dois não brigam", mas de que somente se encontram soluções se os dois se esforçam para encontrá-las.

• "Mimar" a relação. Dar atenção ao cônjuge, não descuidar dos presentes, das palavras amáveis, ter momentos de intimidade (sair para jantar, ir ao cinema...) etc.

Mas se nossa relação fracassou e a ruptura é ineludível, devemos pensar, sobretudo, nos nossos filhos, que são as primeiras vítimas de uma separação. A forma de tornar a situação menos traumática para eles passa por:

• Procurar um mediador de conflitos familiares. Uma vez aceito pelos dois, ele pode ajudar a amadurecer as decisões, a refrear atitudes destrutivas e a buscar soluções para os novos problemas.

• Informar os filhos de maneira gradual. Evitar fatos consumados. Desta forma, adaptam-se melhor à nova situação.

• Ouvir os filhos e levá-los em consideração (estamos falando de filhos adolescentes).

• Dar explicações verdadeiras, adaptadas à sua idade, e fazê-lo com muita calma.

• Transmitir segurança. Ter em conta que as crianças e adolescentes têm um forte instinto de conservação. Que as mudanças que sofram sejam as mínimas possíveis: tentar conservar a casa, o colégio, as relações sociais, os lugares de lazer etc.

• Respeitar o tempo e a intimidade do pai e da mãe com seus filhos. Evitar intromissões e críticas ao outro membro do casal.

• Informar os professores sobre a situação.

• Conservar critérios educativos comuns depois da separação. Mesmo que não compartilhemos a mesma casa, podemos ir juntos à orientação, às festas e atividades acadêmicas.

• Nunca usar os filhos como armas para atingir o outro.

• Não ceder às chantagens. Às vezes, os filhos "se aproveitam" da situação e podem coagir os pais de muitas maneiras. Uma delas é a chamada "chantagem emocional": "se você não deixa eu fazer tal coisa é porque não gosta de mim".

• Evitar que os filhos tomem o lugar do cônjuge, o que cria dependência afetiva.

• Frente a uma nova relação, dar tempo para que os filhos se adaptem. É bom estabelecer limites e ter claro que a educação dos filhos é responsabilidade dos pais. Pode-se ser ex-marido ou ex-mulher, mas nunca se é ex-pai ou ex-mãe. O novo parceiro não deve intervir nesse âmbito, do contrário podem se dar situações como a daquele menino que comentava: "Se dois pais já enchem, imagine quatro".

• Pensar que, depois de um período difícil, se as coisas forem bem feitas, pode-se recuperar a estabilidade que nossos filhos precisam.

13

EU GOSTO DE BEBER

Eu perguntei sobre o fim de semana. Álvaro, um rapaz do 1º ano do Ensino Médio, não parecia com muita vontade de falar sobre o assunto, de forma que disse apenas:

– Bem, com os amigos e tal.

– O que é "e tal"? – perguntei.

– Você entende, na balada com os amigos.

– Entendo. E vocês se divertem?

– Um monte. Nos encontramos às 11 e tomamos umas biritas. Passamos a noite pelos bares, até as duas mais ou menos, depende do dia. Não paramos de dar risada. Alguns colegas logo ficam altos e começam a fazer besteira. Mas eu me controlo e quase nunca fico bêbado. Chego até o ponto em que sinto que estou flutuando. Neste ponto, o cara se atreve a fazer qualquer coisa: chegar numa menina ou dançar no meio da rua.

Contou detalhes de uma noite regada a álcool, e eu perguntei o que eles bebiam.

– Depende. Cerveja, vinho com coca-cola ou whisky com coca-cola. Depende do dia e do dinheiro que a gente tem. Quando estamos duros, levamos um garrafão para um parque ou para a casa de algum amigo.

– Você sempre bebe quando sai?

– Eu gosto de beber. Além do mais, se a gente vai de cara, não entra no ambiente e não aproveita totalmente. Com umas biritas você entra no tom e, se você continuar tomando, fica a noite toda numa festa contínua.

– Você não pensa nos riscos do álcool, por exemplo, nos acidentes?

– Já disse que sei me controlar. Além do mais, não vamos de carro, no máximo, de moto. Já rolou uma ou outra batida, mas não aconteceu nada.

– Olha. A gente já falou na sala de aula sobre os acidentes causados pelo álcool.

– Isso acontece com gente que sai da cidade de carro. Mas basta que o motorista não beba. Não vai acontecer comigo nunca.

Para mim, o problema mais grave do álcool não são os acidentes, mas aquilo que se pode chegar a fazer em uma situação em que se está fora de si por causa da influência da bebida. Fiz com que Álvaro soubesse o que penso, e ele respondeu rapidamente.

– Eu acredito que, tendo ou não tomado umas, eu continuo sendo eu. O que acontece é que, com umas cervejas ou uns drinques, a gente fica mais desinibido, mais espontâneo, mais a gente mesmo.

– Acho que deveríamos conversar mais sobre isso, Álvaro.

– Continuaremos conversando, mas, antes de mais nada, não conta para os meus pais, tá?

Contexto: o álcool

Ainda que Álvaro não dê muita importância, as estatísticas dizem que o álcool é a causa de 30% a 50% dos acidentes fatais de trânsito. As estatísticas também informam que, enquanto o consumo de álcool diminui no conjunto da sociedade, aumenta preocupantemente entre os jovens. Há cada vez mais jovens dependentes dessa droga legal, e eles começam a consumi-la cada vez mais cedo. Muitos passarão por um coma alcoólico, muitos morrerão nas estradas ou terão seqüelas irremediáveis, outros tantos acabarão alcoólatras.

Os jovens gostam de beber porque vêem na bebida o rito

iniciático para abandonar a infância e entrar na vida adulta (algo similar acontece com o cigarro). Vêem no álcool um grande aliado da noite e da diversão. O efeito desinibidor do álcool amortece a consciência, torna-os mais sociáveis e mais atrevidos sexualmente. O consumo excessivo tem efeitos imediatos, como desorganização perceptiva e diminuição da autoconsciência; a longo prazo, os efeitos são seqüelas no sistema nervoso e no fígado. Um adolescente que começa a brincar com a bebida pode se tornar alcoólatra.

A aceitação social do álcool em nossa cultura faz com que este seja muito acessível e que seu consumo não seja visto da mesma forma que o de outras drogas. Este é mais um inconveniente na hora de conscientizar os jovens sobre a nocividade dessa droga.

Prevenir e corrigir

O consumo de álcool entre os adolescentes e os jovens tem um forte sentido socializador. Eles não bebem sozinhos, mas em grupo. Quem não bebe fica excluído do grupo porque não faz aquilo que os outros fazem. De certa forma, pode-se dizer que o álcool tem um efeito mimético e de coesão. O adolescente, que ainda não tem um juízo formado, encontra na bebida uma forma de se adaptar ao ambiente e de entrar no grupo. Por este motivo, a melhor forma de prevenir que nossos filhos se afoguem numa garrafa é ajudá-los a ter uma identidade própria, um critério pessoal, para que sejam capazes de dizer não.

Para formar uma identidade e este critério que os salve do naufrágio no perigoso mar do álcool, podemos considerar algumas linhas de ação:

• O exemplo é o que mais educa e, portanto, também o que mais deseduca. Devemos fazer bom uso da bebida em casa e na rua, especialmente se saímos com eles. Se bebemos alguns drinques porque tivemos um dia terrível, se sempre que há alguma coisa para comemorar abrimos uma garrafa de champanhe, se depois de uma festa a mãe comenta, como se fosse uma coisa engraçada, que o pai ficou um pouco "alegrinho"... estamos criando um ambiente propício para que nossos filhos vejam o álcool como uma coisa familiar.

• Valorizar a sobriedade. Se uma criança está acostumada a beber um refresco quando tem vontade, será mais fácil que também tome um drinque quando tenha vontade.

• Informar os filhos sobre os efeitos e os perigos do consumo de álcool.

• Estar a par do que eles fazem nos fins de semana: como se divertem, onde estão, com quem...

• Determinar um horário de chegada em casa, ir buscá-los ou, pelo menos, estar acordados quando eles cheguem. É bom manter uma conversa curta com nosso filho ou filha para saber "como chegaram", até para que percebam que nos interessamos e nos preocupamos com eles.

• Conhecer seus amigos. Já dissemos que sempre se bebe em grupo, por isto, saber com quem andam e o que fazem juntos é crucial.

• Educá-los para o lazer. Mostrar para eles, desde pequenos, que existem outras formas de diversão: passeios, cinema, *hobbies*, música, esporte...

• Incentivá-los a praticar esportes. Um jovem "viciado" em esporte não se vicia facilmente em álcool ou drogas.

• Analisar com eles a publicidade sobre o álcool. Fazer com que percebam que *slogans* como "gente sem complexos" são uma estratégia para atrair os mais fracos.

Mas o que fazer se descobrirmos que nosso filho ou filha (as meninas também bebem) passa os fins de semana entre drinques e garrafas ou se ele ou ela chegar em casa um dia em estado de embriaguez?

• Sobretudo, nunca perder a calma. Não adianta nada dar uma

imensa bronca: ao contrário, o máximo que vamos conseguir com isso é não ficar sabendo da próxima vez que acontecer.

• Conversar com seus amigos. Se tivermos oportunidade, é bom poder contar com alguns bons amigos para segregá-los do grupo e poder mudar seus hábitos.

• Mudar de ambiente, de horários, de costumes, de locais de lazer e inclusive de amigos. Às vezes, o problema está num ambiente que o arrasta sem que ele possa evitar.

• Procurar atividades alternativas. Já falamos do esporte, mas, se seu filho ou filha não é esportista, há outras alternativas de lazer que podem ser exploradas.

• Contatar uma pessoa para que fale com ele ou ela. Às vezes, os pais não sabem o que dizer nem como fazê-lo. Neste caso, convém buscar um psicólogo, um médico, um orientador ou um professor em quem ele confie para que lhe mostre que é possível se divertir sem álcool.

• Muitas vezes o álcool oculta problemas de outra natureza. Vale a pena analisar, talvez com a ajuda de um profissional, se por trás de uma conduta de abuso de álcool existem problemas como timidez excessiva, conflitos sociais, alguma desilusão amorosa, falta de auto-estima, problemas com os estudos...

14

NÃO TENHO AMIGAS

Na 6ª série há um grupo formado por cinco meninas que saem juntas nos sábados e domingos à tarde, compartilham gostos "diferentes" das outras e estão sempre falando sobre as suas coisas. Núria tentou entrar nesse grupo fechado.

– Simplesmente me disseram que não, que não querem que eu seja amiga delas – comentou comigo outro dia –. Estou muito sozinha, ninguém quer sair comigo. Eu não tenho amigas.

A percepção de Núria não é de forma nenhuma exagerada. Tinha feito de tudo para entrar nesse grupo e, ao ser desprezada, ficara sozinha, porque agora as outras meninas também não a aceitavam. No colégio, não falava com ninguém. Suas antigas amigas lhe "viravam a cara" ou não lhe davam bola (os meninos, como sempre, iam "na deles"). Fora da escola, também não tinha ninguém: sua vizinha, um ano mais velha, com quem havia brincado muito na infância, estava namorando e mal se viam, e a intimidade que tinha com Norma se rompeu quando mudou de colégio na 5ª série. Como são complicadas as relações entre os adolescentes! Núria estava muito mal.

– Durante a semana não saio de casa. Mas nos fins de semana eu finjo.

– Como assim?

– Saio e dou umas voltas por aí sozinha para que meus pais não saibam que não tenho amigas.

– Por que você não quer que eles saibam?

– Porque tenho vergonha. Por favor, não conta para os meus pais.

Contexto: a amizade

Se um amigo é um tesouro, na adolescência os amigos são tudo. Chega um momento em que nossos filhos começam a crescer para o mundo. Nesse momento, os amigos passam a ser os protagonistas e os de casa passam para o segundo plano. É o momento vital da amizade. Nos amigos, nas amigas, vêem-se refletidos, compreendidos, amparados. Ter amigos é pertencer a um grupo, e isto é signo de identidade. A turma constitui uma outra família, oferece segurança e confiança e uma vacina contra a solidão, a apatia e o tédio. O que acontece é que, muitas vezes, o grupo puxa muito forte na direção contrária à que nós estamos puxando; isto ocasiona um "estica e solta" que, se não for bem administrado, vira fonte de inúmeros conflitos. O grupo de amigos influencia de tal forma que pode chegar a anular totalmente nosso/a filho/a (é o que acontece com certas tribos urbanas).

Devemos considerar que a melhor coisa que pode acontecer com nossos filhos é ter bons amigos e que eles valorizam muito o fato de eles próprios escolherem seus amigos. Sendo assim, temos a responsabilidade de ajudá-los a escolher. Uma forma de fazer isso é ensinando a diferença entre colega, cúmplice e amigo.

Um colega é aquele que compartilha os mesmos gostos e *hobbies*, está na mesma classe ou joga no mesmo time: os colegas têm interesses comuns e se ajudam mutuamente. No entanto, não se tem com um colega a intimidade e a confiança que se tem com um amigo.

Com o cúmplice, ao contrário, o grau de intimidade e confiança é maior, mas não chega ao da amizade. Eles acreditam que são realmente amigos, mas se trata apenas de uma relação (muito forte, de fato) mantida por determinados interesses. Convém fazer com que percebam que o cúmplice parece um amigo, mas no fundo não é, porque colabora com eles em atos que não lhes são convenientes: um adolescente precisa de cúmplices para começar a fumar, para beber, para experimentar drogas, para aprontar, para ir à balada...

Um amigo ou amiga de verdade é uma coisa muito diferente. O amigo quer o nosso bem e nos ajuda a consegui-lo, divide seu tempo conosco, é um apoio seguro nos momentos difíceis e é a pessoa com quem queremos compartilhar nossa sorte. Com os amigos, temos verdadeira intimidade (por isto, em geral, não são muitos); sem eles não poderíamos ser felizes.

Prevenir e corrigir

Que bom que nossos filhos têm amigos! Esses amigos podem ser nossos melhores aliados na educação dos nossos filhos ou, ao contrário, nossos maiores rivais. O peso que a amizade tem na adolescência é tamanho que pode pôr a perder num momento todo o labor educativo da família e da escola; mas também pode reforçá-lo. Vale a pena, como pais, que nos preocupemos em fazer com que nossos filhos tenham bons amigos.

Para prevenir riscos de falta de amigos ou más influências, podemos seguir os seguintes critérios:

- Falar com eles com clareza sobre a diferença entre colega, cúmplice e amigo.
- Conhecer seus amigos. Convidá-los para ir à nossa casa e observá-los, conversar com eles, conhecer suas famílias.
- Não criticar seus amigos, não julgá-los de maneira superficial.
- Ter em conta que, quando fizermos um juízo crítico sobre seus amigos, eles nunca nos darão razão, mas captarão a mensagem.
- Se percebermos que nossos filhos não têm amigos, devemos ficar alertas, porque correm o risco de se juntar com qualquer um, apenas para não se sentirem sozinhos.
- Ensiná-los a ter amigos. Desde pequenos, podemos iniciá-los nas habilidades sociais para que aprendam a se relacionar. Se notar-

mos que isto é difícil para eles, devemos incentivar: atividades coletivas (como esportes ou atividades culturais), festas de aniversário, convidar colegas de classe para que nos visitem...

• Não podemos escolher seu grupo de amigos, podemos apenas aconselhar e orientar: conversando muito com eles, escolhendo o local de veraneio, procurando ambientes adequados...

• Fazer coisas com os amigos de nossos filhos a fim de conhecê-los. Numa certa fase, brincar com eles pode ser uma forma de conhecer a dinâmica do grupo, as relações entre eles e a forma de ser de seus amigos.

• Trabalhar a auto-estima e o critério próprio para que não se deixem levar pelo grupo.

A situação pela qual Núria está passando é muito traumática, e ela corre o risco de "juntar-se com qualquer um" para evitar a solidão. Em um caso similar, devemos:

• Analisar as causas de fundo que levaram nosso/a filho/a a essa situação: atitude muito crítica, indiscrição excessiva, problemas de higiene, maneira de se vestir, traços de superioridade...

• Trabalhar coletivamente no colégio. O orientador ou orientadora pode fazer muito para que nosso/a filho/a entre num grupo de amigos. No fundo, trata-se de um conflito que tem solução se houver um mediador.

• Ensinar habilidades sociais: como começar uma conversa, como se interessar pelos outros, como colocar questões com delicadeza, saber não se intrometer...

• Incentivar atividades coletivas nas quais nosso/a filho/a participe com outros meninos e meninas.

• Apresentar-lhes os meninos e meninas da sua idade que conhecemos: filhos de amigos, por exemplo. Convidá-los para nos visitar.

15

MEU NAMORADO TERMINOU COMIGO

Mal entrou na minha sala, Denise começou a chorar.

– Meu namorado terminou comigo.

Eu nunca havia visto um choro tão amargo numa menina de 13 anos.

– Estou mal – continuou entre soluços –. Minhas amigas me contaram na segunda-feira que ele está com uma do 4º ano. Falei com ele à tarde, e ele disse que não gostava mais de mim, que era melhor a gente terminar.

Denise voltou a chorar. Eu não sabia o que dizer. Apertei o braço dela e deixei que desabafasse.

– Ele não gosta de mim! Ele me falou. Disse que se apaixonou por outra e que nosso namoro estava acabado. Eu me sinto a pessoa mais infeliz do mundo. O que é que eu vou fazer agora? Não posso viver sem ele! Vou morrer!

Não se tratava de uma encenação ou alguma coisa pelo estilo, mas do afloramento de sentimentos reais. Denise tinha se apaixonado pela primeira vez, tinha saboreado o mel da felicidade, se sentira amada e havia descoberto o que significa amar uma pessoa, mas, da noite para o dia, sua vida deu uma reviravolta terrível, e agora estava provando o fel da amargura. Somente quem passou por uma experiência similar pode entender o vazio que Denise estava sentindo.

– Não me sinto com forças para nada; só tenho vontade de chorar.

Tentei consolá-la dizendo que entendia o que estava passando, mas que ela tinha de ser forte. Falei sobre todas as pessoas que gostam dela e lhe têm apreço: sua família, seus amigos, seus colegas, seus professores. Parecia que Denise tinha se tranqüilizado um pouco quando disse:

– Eu sei, mas ele não gosta de mim – e voltou a chorar.

Sugeri então que falasse com seus pais, que eles a ajudariam. Denise foi taxativa:

– Nem pensar. Eles não são a favor que eu namore nesta idade, sempre me dizem que devo esperar até ficar mais velha. Se ficarem sabendo que namorei, vão me castigar. Por favor, não conta para os meus pais.

Contexto: desilusões amorosas

O ato mais característico da pessoa é amar. Pode-se dizer que estamos feitos para amar e ser amados. Ninguém, absolutamente ninguém, é tão frio e insensível, tão inumano que não haja amado alguma vez. Se não houvesse o amor em nossas vidas, simplesmente não poderíamos viver como pessoas e a felicidade seria impossível. O grau de felicidade que alcançamos costuma ser proporcional à nossa capacidade de amar.

Mas o amor vem precedido por um estado emocional difícil de classificar chamado apaixonamento. O apaixonamento ainda não é amor, mas pode chegar a sê-lo. Surge de repente, como uma flechada que atravessa nosso coração e nos transforma de cima abaixo. A partir desse momento, sofremos do que Ortega chamava de um "transtorno da atenção", já que para nós tudo gira em torno da pessoa amada, não fazemos outra coisa a não ser pensar nela e a nova experiência ocupa toda a nossa mente. Por isto, o apaixonado vive nas nuvens, parece ensimesmado, e todos os outros estímulos carecem de interesse para ele. Num primeiro momento, sofre de um excesso de romantismo que o leva a idealizar a pessoa amada, que dá sentido à sua vida e de quem depende toda sua felicidade. O apaixonamento é também um potencializador dos sentimentos que deixa as emoções à flor da pele.

Quando nos apaixonamos, descobrimos imediatamente que nossa vida não pertence apenas a nós mesmos: outra pessoa começou de repente a fazer parte dela. Voltamos a nascer para um novo projeto de vida compartilhado. A nova situação nos faz estar como em uma nuvem; por isso, quando vem o desamor, quando a decepção amorosa chega, tudo vem abaixo e nos sentimos morrer, pois, de fato, essa nova vida sonhada, e vivida, morreu para sempre.

Prevenir e corrigir

As paixões costumam ser muito fortes na adolescência, mas quase nunca definitivas. O amor prematuro tem poucas possibilidades de resultar numa relação perdurável, por isto, a experiência do desamor costuma ser bastante freqüente. Não podemos, nem devemos, evitar que nossos filhos se apaixonem nem que sofram uma decepção amorosa, mas podemos conversar com eles sobre o amor. Aquilo que nós dissermos, a visão que proporcionarmos sobre a relação de casal, aquilo que virem refletido em nós, tudo isto vai ajudá-los a estar preparados quando forem flechados por Cupido.

Para prepará-los para o amor, devemos ter em conta alguns critérios, como:

- Manter viva a comunicação sobre esse assunto. Conversar sobre as relações entre ambos os sexos não deve nos deixar em apuros. Conversando se amadurece.
- Falar sobre as diferentes vivências e manifestações dos afetos em homens e mulheres.
- Considerar que, quando um menino ou uma menina busca uma relação muito precocemente, em geral tem carências afetivas. Devemos estar alertas para essa questão.
- Fazer com que vejam que numa relação intervêm tanto o co-

ração como a razão. A razão não esfria a relação, mas lhe dá um norte e a torna mais sólida.

• Preveni-los no sentido de que, quando iniciem uma relação, o façam devagar. A pressa costuma fazer com que ela se desgaste rapidamente□

• Prepará-los para o amor: no amor se sofre.

• Ensiná-los a enfrentar as frustrações.

• Respeitar sua intimidade. Se não o fizermos, se fecharão, e não ficaremos sabendo de nada.

• Educar os sentimentos. É uma tarefa longa, mas importantíssima. Conversar muito sobre o que sentem, verbalizar e analisar seus sentimentos. Ensiná-los a discernir entre sentimentos positivos e negativos, entre aqueles que ajudam e aqueles que limitam...

• Proporcionar e incentivar que saiam em grupo. A adolescência é um momento para conhecer muitas pessoas. O namoro pode esperar.

• Não levar na brincadeira se nosso/a filho/a de 12 anos disser que gosta de alguém. Aproveitar a ocasião para pôr em prática alguns dos critérios citados.

Mas o que fazer se nosso filho ou filha estiver sofrendo os açoites de uma decepção amorosa?

• Em primeiro lugar, se soubermos que nosso/a filho/a está apaixonado/a, temos de estar preparados para o que pode acontecer e prepará-lo/a. Não para dizer depois "eu te avisei", mas para amortecer um pouco o mau momento.

• Não levar seus sentimentos na brincadeira, mas também não fazer drama. Não diminuir a importância do fato, pois para ele ou ela tem muita, mas tampouco amplificar a situação.

• Falar sobre o assunto quando nosso/a filho/a necessite, mas não ficar martelando a mesma coisa o tempo todo. Pensemos que ele ou ela precisa esquecer.

• Colocar-nos em seu lugar. Pode ser muito reconfortante saberem que aconteceu a mesma coisa conosco, que lhes contemos nossa experiência. Nós também já tivemos a idade deles.

• Deixar que chore e que expresse o que sente.

• Dar-lhe muito carinho e compreensão.

• Pedir ajuda aos amigos. Procurar distrações.

• Fornecer-lhe otimismo: a pessoa que o amará de verdade chegará um dia. Fazer com que perceba que, se aquela pessoa não gostava dele, realmente não era conveniente continuar a relação.

• Reforçar sua auto-estima. Nesses momentos, sua auto-estima está no chão; pensa que não vale nada, que ninguém gosta dele... Devemos fazer com que seu estado de espírito melhore.

• Incentivá-lo para que supere os pensamentos vitimizantes. Esse tipo de situação pode levar à autocompaixão, o que provoca um círculo emocional do qual temos de ajudá-lo a sair.

16

EU PREFERIA NÃO TER NASCIDO

A mãe de Sérgio me ligou.

– Estamos no hospital. O Sérgio tomou um vidro de barbitúricos. Já está fora de perigo, mas eu gostaria que você falasse com ele.

Bati de leve na porta do quarto. Quando me viu, a mãe fez sinal para que eu não entrasse, saiu do quarto e me disse em voz baixa.

– Fizeram uma lavagem estomacal e ele já está bem. O pai foi pedir uma consulta com o psiquiatra. Vamos levá-lo daqui a algumas horas, quando o médico chegar. Ele nos deu um tremendo susto. Não comentou nada com a gente. Fale com ele, por favor, ele confia muito em você.

Ela ficou do lado de fora e eu entrei no quarto. Sérgio, pálido, estava sentado num sofá de curvim preto, olhando para a janela com dois olhos fundos e cansados. Quando me viu, ensaiou um sorriso quase imperceptível, mas não falou nada.

– Você está bem? – perguntei.

– O que é que você acha? Eu tentei me matar. Estou muito mal.

– Mas está vivo.

Não disse nada e continuou a olhar para a janela, sem interesse.

– Por que você fez isso, Sérgio? Muita gente gosta de você. Olha os seus pais, como estão sofrendo por sua causa.

– Eles não estão nem aí...

– Não seja cruel.

– Eles nem se dão conta de que têm um filho, não sabem o que eu sinto, se estou na 8ª série ou se já passei para o Ensino Médio. Só se preocupam com seu trabalho e com a maldita casa que estão construindo.

– Talvez eles não falem, mas gostam de você acima de tudo.

Sérgio esboçou um sorriso cético e começou a brincar com um fio do braço do sofá. Eu o conhecia bem e sabia que não havia superado a morte do seu melhor amigo, ocorrida no verão passado. Na verdade, eu tinha sugerido a seus pais que o levassem a um psicólogo, mas eles não deram importância. Sérgio estava mal e precisava de ajuda.

Conversamos um pouco. Consegui desviar a conversa para assuntos relativos a seus colegas de classe. Distraiu-se durante um tempo, mas a última coisa que me disse foi.

– Eu preferia não ter nascido, mas não conta para os meus pais.

Contexto: o suicídio

O ser humano é o único animal capaz de se suicidar. É também o único que tem consciência da vida e da morte. Embora o instinto indique ao animal que sua vida se acaba, ele mesmo não sabe quando vai morrer. A morte não está no horizonte de sua vida, ele vive sem "pensar" nessa possibilidade. No entanto, no caso do ser humano essa possibilidade se torna uma certeza com a qual tem de conviver.

Às vezes, passamos por momentos tão difíceis que nossa vida se torna insuportável, e a idéia de colocar-lhe um fim se apresenta como única solução. São situações-limite que, se nos pegam num momento de desequilíbrio emocional, podem nos levar à idéia do suicídio. A materialização dessa idéia depende do estado psíquico da pessoa.

Os suicídios ocorrem em todas as idades, da infância à velhice. Os infantis são pouco freqüentes e se devem, sobretudo, a experiências negativas como fracasso escolar ou falta de atenção por parte dos pais. Na terceira idade, se devem mais ao medo da morte ou à experiência da solidão. Na adolescência, é uma forma de chamar a atenção e de pôr fim ao mal-estar causado pela incompreensão, pela falta de afeto, pelo desamor ou pela incapacidade de ser feliz. Na idade adulta, as causas do suicídio são muitas: não poder assumir as conseqüências dos próprios atos, estresse , depressão profunda, mudanças bruscas, perda de emprego...

Diz-se que o suicídio é sempre um fracasso, porque aquilo que a pessoa que tira a própria vida realmente quer é não ter nascido. Portanto, não enfrenta o problema nem soluciona nada; ao contrário, elimina toda possibilidade de solução. No fundo, o suicida é covarde. Sem entrar em valorações morais, é claro que tirar a própria vida é um ato egoísta que repercute em outras pessoas: pais, irmãos, filhos, amigos, cônjuge...

Prevenir e corrigir

No fundo, a causa última do suicídio deve ser buscada na perda do sentido da vida. A adolescência é a fase da busca desse sentido, por isto, acontecem nessa época as grandes crises, momentos de vazio existencial, que podem trazer idéias suicidas. Nós, como pais, podemos ajudar os adolescentes a dar sentido a "suas" vidas, propondo valores, objetivos a alcançar, projetos de futuro etc. Por pior que sejam os momentos pelos quais estão passando, por maior que seja o sofrimento, se sua vida tiver um sentido, serão capazes de superar qualquer obstáculo.

Para prevenir esse tipo de situação, devemos:

- Possibilitar que os filhos adquiram um equilíbrio afetivo, de forma que sejam capazes de enfrentar por si mesmos as dificuldades. Ir soltando a corda pouco a pouco, colocando-os na situação de solucionar seus próprios problemas. Toda ajuda não necessária é uma limitação.
- Ser realistas com os objetivos que propomos para os nossos filhos. Se colocarmos um obstáculo muito alto, que não conseguem saltar, podem se desmoralizar e se sentir impotentes. Não ser demasiadamente exigentes, nem demasiadamente permissivos.

• Preocupar-nos com eles não apenas quando alguma coisa vai mal. O alarme sempre soa tarde, muito tarde.

• Procurar fazer com que tenham uma vida sadia: alimentação, sono, higiene, esporte...

• Manter sempre a comunicação com eles. Falar, escutar, mas sobretudo escutar.

• Estimular sua auto-estima. Procurar alguma coisa na qual tenham sucesso e potencializá-la.

• Procurar uma forma enriquecedora de lazer para nossos filhos. Não nos conformarmos com aquilo que seus amigos fazem, se não nos parece bom.

• Trabalhar desde pequenos a resistência à frustração. Se nunca dizemos "não", o primeiro "não" pode se tornar um obstáculo insuperável.

• Ser firmes no fundamental, mas flexíveis no secundário. Às vezes, geram-se conflitos familiares por questões insignificantes, enquanto que aquilo que é importante é deixado de lado. Uma coisa insignificante pode ser determinado corte de cabelo, uma coisa importante é o motivo pelo qual ele usa esse corte de cabelo.

• Favorecer que desabafem suas preocupações e sofrimentos. Ter a habilidade de captar quando as coisas não vão bem e propiciar que se expressem. Desta forma, podemos ajudá-los a canalizar seu sofrimento.

• Criar um ambiente alegre e otimista em nossa casa. Devemos ter e transmitir uma visão positiva da vida. Os fracassos forjam a pessoa se formos capazes de superá-los. Não é mais feliz aquele que nunca fracassa, mas aquele que é capaz de se levantar depois de uma queda. A diferença entre o otimista e o pessimista é que o primeiro acredita que os fracassos podem ser superados, enquanto que o segundo os vê como obstáculos insuperáveis.

• Cuidado com os castigos. Os castigos demasiadamente duros e/ou duradouros geram insegurança, medo, impotência... e podem levar a situações desesperadas.

No caso de que nosso/a filho/a ameace suicidar-se ou faça comentários muito pessimistas e negativos sobre sua vida, nunca devemos encarar como brincadeira, mas estar alertas sobre suas mudanças de hábitos alimentares e de sono, possíveis retraimentos com os amigos e a família, atos violentos, abandono do cuidado corporal, tédio persistente, dores físicas... Se suspeitarmos que pensa em suicídio, devemos:

- Demonstrar afeto. Certamente é do que ele ou ela mais precisa nesses momentos. Não basta gostar dos nossos filhos, é preciso dizer e demonstrar isto.
- Renovar os ideais de sua vida. Conversar muito com ele ou ela.
- Recorrer a um psiquiatra ou psicólogo. O assunto é muito sério para ficar apenas nas nossas mãos.
- Convencê-lo de que há muitas pessoas que gostam dele e que estão dispostas a ajudá-lo.
- Preste atenção nos comentários que ele ou ela faz, se está se despedindo dos amigos ou doando suas coisas.
- Não deixar ao seu alcance soníferos, armas, facas etc.

17

NÃO SUPORTO O MEU IRMÃO

– Outra vez com dor de barriga?

Carla está tomando um chá de camomila no corredor. Há dias se queixa de dores abdominais. Os médicos descartaram a possibilidade de apendicite ou problemas gástricos. Mas ela insiste em dizer que dói.

– Quer que eu te leve para casa? Tenho este horário livre.

– Não, já liguei; minha mãe vem me buscar.

– Não precisa incomodá-la. Eu te levo!

– Não! Quero que ela venha!

Aquela resposta indicava que Carla tinha algo mais que uma simples dor de barriga. Seu interesse em chamar a atenção da mãe delatava um mal que não era físico. Aproveitei a espera e minha hora livre para falar com ela sobre o curso, sua relação com os professores e colegas, suas amigas etc. Tudo ia bem. Mas, quando perguntei sobre sua família, notei que ficou um pouco incomodada, especialmente quando falei de seu irmão, dois anos mais novo que ela.

– É o mimado da casa – começou a dizer –. O queridinho do meu pai. Como é muito bom jogando futebol, meu pai está todo o tempo conversando com ele. Durante a semana tem os treinos e nos fins de semana, os jogos. Eu não conto pra nada. E ainda por cima dizem que eu fico pegando no pé dele. Não agüento mais.

– Ou seja, você tem ciúme do seu irmão.

– Não. Acontece que ele é muito mimado e convencido. Acha que só porque joga bem todo mundo tem de ficar prestando atenção nele. Olha, eu tiro notas melhores e ninguém fala nada.

– Carla, acho que você está com ciúme – voltei a dizer.

– Não. De jeito nenhum! Não me importa o que o meu irmão faz. A única coisa que me incomoda é que, por culpa dele, meus pais não ligam para mim. Faz um tempão que minha mãe não me leva para fazer compras. Antes, a gente ia sempre...

Continuamos falando e descobrimos que não fazia tanto tempo assim que Carla não ia fazer compras com sua mãe e que os fins de semana não estavam monopolizados pelo irmão. Era óbvio que, embora não admitisse, Carla, uma menina de 14 anos, sentia verdadeira ojeriza pelo irmão, alimentada por um ciúme não superado na infância. Para chamar a atenção, simulava dor de barriga, mas o que realmente doía nela era o coração.

Avisaram que sua mãe havia chegado. Carla foi em direção à porta. Mas, antes de sair, me pediu:

– Por favor, não conta para os meus pais.

Contexto: rivalidade entre irmãos

Um dos agentes socializadores mais ativos é a rivalidade. O rival me obriga a me superar e me adaptar melhor à sociedade. Não é um inimigo, mas um competidor com o qual tenho de conviver. Todas as pessoas que me cercam se apresentam em algum momento para mim (nem sempre, é claro) sob a sombra da rivalidade: pais, irmãos, amigos, colegas, cônjuge, desconhecidos... foram alguma vez para mim um obstáculo, grande ou pequeno, que tive de superar. Se num dia em que estou de mau humor e com pouca vontade de falar, encontro o vizinho falastrão no elevador, estou diante de um rival que me obriga a ser "amável", a me esforçar para parecer bem.

Se essa rivalidade cotidiana persiste, pode dar lugar ao ciúme. Geralmente, temos ciúme das pessoas próximas. Essas pessoas se apresentam como competidoras afetivas, como alguém que tenta me substituir e tirar meus direitos ou privilégios. Essa percepção da situação provoca um sentimento de rejeição com relação à pessoa que ameaça me desequilibrar. O ciúme é uma mistura de inveja, ódio, aversão, fixação, desejo do mal para o outro... que delata minha impotência para solucionar ou superar uma situação de rivalidade.

O ciúme é coisa de crianças e de adolescentes. Nos adultos, geralmente acaba derivando em ojeriza, uma situação mais persistente e, portanto, mais difícil de corrigir. Pode-se falar do ciúme como um estado afetivo complexo causado pela impressão de quem o sofre. Assim, a realidade dos fatos não conta, mas a visão que a pessoa tem dos fatos. Por isto, na maior parte das vezes não se trata de mudar as coisas, mas de mudar a percepção que se tem das coisas.

O ciúme é muito comum entre irmãos. Geralmente, do mais velho para com o mais novo, porque se sente o "príncipe destronado", porque acredita que lhe dão menos atenção, porque agora tem um competidor, porque se sente desprotegido... Se o vínculo fraterno é origem de amor, também é de rivalidade. Ambas as coisas estão unidas e são positivas. Que os irmãos briguem, não deve nos preocupar; temos de pensar que estão aprendendo a viver em sociedade, a afirmar-se frente aos outros. Nosso bom senso nos avisará quando as brigas forem desproporcionadas ou estejam semeando a fúria no âmbito afetivo de um dos irmãos (notem o que ocorreu com Caim e Abel).

Prevenir e corrigir

O ciúme entre irmãos é muito freqüente, mas se apresenta numa grande variedade de formas e graus. Por isto, temos de estar atentos às relações fraternas, não pensar que se trata de "coisa de irmãos" e que não está acontecendo nada. Temos de ter em conta que, quando existe uma excessiva rivalidade entre nossos filhos, sempre há uma vítima, seja porque tem ciúme ou porque sofre as conseqüências de ter um irmão ciumento. Devemos observar de longe as relações fraternas, não desfazer delas dizendo que são "coisas de criança" e agir, se considerarmos pertinente.

Provavelmente não poderemos evitar que nossos filhos sintam ciúme, mas é possível prevenir situações preocupantes:

- Não tratar todos os filhos do mesmo modo, mas cada um segundo suas necessidades e em função de sua maneira de ser: aquilo que fazemos com um pode não servir para outro; aquilo que para um foi positivo, para outro pode ser negativo.
- Incentivar que cada filho tenha um âmbito próprio no qual se sinta valorizado e tenha sucesso. Por isto, não temos de azucriná-los para que façam as mesmas atividades; ao contrário, devemos incentivar que cada um vença em seu âmbito. Se um se destaca muito num esporte, não é bom que o outro pratique esse mesmo esporte se não tivermos certeza de que ele também vai se destacar; desta maneira evitamos as comparações.
- Nunca fazer comparações entre eles. Estaremos alimentando a rivalidade e a inveja.
- Fazer com que percebam as vantagens de ter irmãos. Dão ajuda e companhia, podemos brincar com eles, são bons confidentes...
- Dar exemplo. Se os pais brigam diante dos filhos, estes estarão aprendendo a brigar.
- Procurar aspectos nos quais os irmãos possam colaborar: ajudar na escola, assumir alguma coisa em comum, colaborar na hora de comprar um presente para outro membro da família, economizar conjuntamente para um mesmo projeto...
- Ter uma boa relação com nossos irmãos. Se eles perceberem que nossos vínculos fraternos não são bons, não teremos força moral para ensinar-lhes a conviver com seus irmãos.
- Sempre fazer as reprimendas individualmente.
- Considerar que as invejas fraternas são mais fortes quando os pais dão muita atenção. É preciso saber manter distância, permanecer à margem quando a situação não é alarmante. Geralmente, os filhos brigam menos quando os pais não estão em casa.

• Prestar atenção na forma de agir com outros membros da família, como avós, tios, padrinhos..., que pode fomentar o ciúme entre os irmãos... Ser "a preferida do vovô" ou "o xodó do tio" podem se tornar elementos que venham a distorcer a convivência fraterna.

• Educá-los na generosidade. Somos mais felizes quando compartilhamos.

• Distribuir tarefas entre todos os membros da família de acordo com a idade. Assim, perceberão o lar como algo comum onde se vive melhor se todos colaboram.

Se percebermos um excesso de ciúme em nosso/a filho/a, devemos:

• Procurar ajuda (de um psicólogo ou de um orientador), caso as brigas persistam ou a situação de ciúme for preocupante.

• Tentar fazer com que os problemas entre os irmãos sejam solucionados entre eles. Se não conseguirem e a situação se agravar, devemos intervir.

• Dedicar tempo a sós com cada filho, atendendo-o com exclusividade em determinados momentos, para que sinta que estamos com ele ou ela.

• Analisar com serenidade os conflitos. Ter controle dos motivos das brigas para poder descobrir a verdadeira origem e as causas que as suscitam.

• Demonstrar que gostamos deles e dizê-lo.

• Verificar se alguém da família trata, ainda que inconscientemente, os irmãos de forma diferenciada. Às vezes, acontece de fazermos coisas que ele ou ela percebe como uma preferência pelo outro. Isto não significa que tenhamos de renunciar a dar mostras de carinho ao filho "causador" do ciúme

18

SERÁ QUE EU SOU HOMOSSEXUAL?

Heitor é um menino da 6ª série. Costuma andar mais com as meninas, pois não gosta das brincadeiras dos seus colegas: não gosta de futebol, que é o que todos jogam. Esta manhã, depois da aula de Educação Física, alguns colegas começaram a implicar com ele e a chamá-lo de bicha. Heitor não quis ir para o pátio e ficou na sala.

– O que você está fazendo aqui, Heitor? Não vai sair?

– Não estou me sentindo bem, prefiro ficar na sala.

Eu sabia que ele não estava bem por causa do que havia ocorrido na aula anterior; assim, fui direto ao ponto:

– O que aconteceu no vestiário?

– Nada.

– Nada?

Esperei um momento para que respondesse.

– Luiz começou a me xingar, a dizer que eu estava olhando a bunda dele e coisas assim. Ele vive implicando comigo e me chamando de bicha. Não sei por que deu para isso este ano.

– E você não se defende?

– Não – Heitor baixou a cabeça e deu um suspiro –. Talvez... talvez o Luiz tenha razão.

Ficou nervoso, olhou-me nos olhos e falou:

– Isso fica entre nós, né?

– Você sabe que tudo o que falamos fica entre nós. Eu só quero ajudar você – falei.

Contou, então, que às vezes sente atração pelos meninos e que quando estão no banho não pode evitar de olhar para os seus colegas. Também gosta das meninas, mas está muito confuso. No dia do seu aniversário, todos lhe deram apertos de mão, menos Luiz, que lhe deu um abraço. Naquele momento, sentiu alguma coisa especial.

Contou outras coisas que aconteciam com ele: em casa sempre havia preferido as brincadeiras femininas, mantinha pouca relação com o pai, porque ele estava quase sempre fora, tinha uma irmã mais velha, com grande diferença de idade, e ele sempre havia sido o xodó da mãe.

Combinamos de continuar a conversa (Heitor precisava muito conversar). Antes de nos despedirmos, perguntou:

– Você acha que eu sou homossexual?

– Acho que você é o Heitor, e isso é o que importa.

Heitor sorriu.

– Bem... voltaremos a conversar, mas não conta para os meus pais.

Contexto: identificação sexual

A homossexualidade tem sido considerada de várias formas: como uma tara, uma doença, uma tendência antinatural ou simplesmente como uma opção sexual tão respeitosa quanto a heterossexualidade. Às vezes, exageraram-se os extremos, dizendo que o homossexual é monstruoso ou afirmando que todos nós, no fundo, somos homossexuais. A natureza diz que, em geral, os homens sentem atração pelas mulheres, e as mulheres pelos homens. Logicamente cabem exceções, que é do que estamos falando.

O forte auge do movimento gay nos últimos anos influiu na sociedade de tal maneira que criou a falsa consciência de que uma pessoa tem de ser homo ou heterossexual, como se fosse o caso de optar entre um ou outro. Conseguiram-se muitas coisas: sensibilizar a opinião pública, incluir o respeito à homossexualidade no índice do politicamente correto, apresentar uma alternativa sexual como um "orgulho". No entanto, a luta pela equiparação dos casais homossexuais com os heterossexuais, visando a ter os mesmos direitos, adoção, pensão de viuvez etc., continua. Logicamente, nem todo o mundo está de acordo com que essas reivindicações sejam aceitas. Não vamos entrar nesse debate, porque o que nos interessa são as repercussões educativas dessa situação.

Essa, digamos assim, exultante atualidade da homossexualidade foi impulsionada por um ambiente cultural que exala e, ao mesmo tempo, banaliza o sexo. Um entorno promíscuo facilita formas não convencionais de sexualidade. Daí que, segundo a maioria dos estudos, apenas 2% dos homossexuais o são por razões meramente endógenas, os outros casos se devem a fatores como educação, imitação e estimulação externa. Temos de levar em consideração que, entre o final da idade infantil e o início da puberdade, é normal que um menino ou menina experimente uma confusa inclinação por ambos os sexos. É um momento delicado de ambigüidade afetiva que geralmente se resolve na atração pelo outro sexo. Mas nem todos os púberes reagem igualmente; esse "momento de confusão" pode apresentar maior virulência e tropeçar numa série de circunstâncias que desencadeiam uma verdadeira desorientação afetiva. Evidentemene, o púbere se sente muito mal porque vê que suas inclinações não correspondem àquilo que se espera dele e então inicia uma fuga para a frente. Talvez não o seja, mas ele acreditará que é homossexual e se comportará como tal.

Prevenir e corrigir

Se nos importamos com a felicidade de nossos filhos, devemos nos preocupar com a educação de sua afetividade. É neste contexto que devemos atender à sua sexualidade. Uma sexualidade sã, note-se que não estamos falando "sexo", será um elemento importante para seu desenvolvimento pessoal e, mais tarde, para que leve uma vida feliz. Nós podemos ajudá-los a compreender a si mesmos, a aceitar-se como são, a descobrir seus sentimentos, a controlar seus impulsos, a entender sua sexualidade.

Nesta tarefa, temos muito o que fazer:

• Manter sempre um ambiente equilibrado na relação do casal. Uma relação ruim, com situações de submissão, por exemplo, não é um ambiente favorável. Uma menina tende a se identificar com o sexo masculino quando odeia ou teme a mãe. Um menino pode identificar-se com o sexo feminino quando sente falta da presença do pai.

• Ajudá-los a se identificar, com o pai, se for menino, ou com a mãe, se for menina.

• Dar-lhes afeto. Isso os fará ficar seguros de si mesmos e enfrentar as mudanças com equilíbrio afetivo.

• Tomar cuidado com os modelos sociais apresentados pelas revistas ou pela televisão. Ensiná-los a respeitar a pessoa, independentemente da tendência sexual, mas também a saber perceber o oportunismo que por vezes existe.

• Tomar cuidado com o ambiente que nossos filhos freqüentam. Devemos decidir se está de acordo com a educação que estamos dando.

• Aproveitar as situações emocionais dos nossos filhos para ter intimidade com eles. Se temos intimidade, podemos ajudá-los nesses assuntos tão delicados.

• Ensiná-los a separar aquilo que sentem daquilo que fazem. Nem tudo o que se deseja é bom fazer. Ajudar-lhes a interpor a reflexão entre os sentimentos e a ação.

• Cuidado com o uso que fazem da Internet. Os conteúdos de algumas páginas podem confundi-los.

• Falar sobre as diferenças entre homossexualidade, travestismo e transexualismo.

• Procurar desde pequenos a sinceridade na comunicação.

• Não classificar as pessoas como homossexuais por seus gestos, sua afetação ao falar, sua forma de se vestir...

• Favorecer atividades com companheiros do mesmo sexo.

Quando nosso filho ou filha demonstrar dúvidas sobre sua inclinação sexual, devemos :

• Explicar que se encontra num período de amadurecimento e de formação, que o que está acontecendo é normal, e ajudá-lo a definir suas tendências.

• Ensiná-lo a não confundir a admiração que possa sentir por uma pessoa do mesmo sexo (um amigo, um professor etc.) com uma atração sexual.

• Levar a sério aquilo que ele disser. Somente assim poderá confiar em nós.

• Ajudá-lo a refletir. Não se trata de se deixar levar pelos sentimentos, mas de interpretá-los.

• Se considerarmos oportuno, consultar um psicólogo para que o ajude a se definir.

• Sempre aceitá-lo como é. Embora, uma vez definida, sua opção nos desgoste, nunca repudiá-lo/a: é nosso/a filho/a.

19

MINHA MELHOR AMIGA ESTÁ MORRENDO

Tínhamos acabado de saber: Beatriz estava em fase terminal. Um câncer aparecera no início de abril. Ela passara o último trimestre esperançosa, mas no verão as coisas se complicaram. Nem a radioterapia nem a quimioterapia haviam conseguido reduzir o tumor, a intervenção cirúrgica tinha sido descartada pelos médicos, e agora só restava esperar o desenlace fatal. A notícia entristeceu a todos no primeiro dia de aula. Os colegas estavam desolados, mas a mais afetada pela notícia era Maria, a melhor amiga de Beatriz, de quem havia sido inseparável desde o primeiro momento.

No final da última aula, me aproximei da sala do 2º ano do Ensino Médio para falar com Maria. Entramos numa das salas e perguntei como ela estava. Ela começou a chorar, como que desabafando toda a tensão acumulada ao longo da manhã.

– Muito mal, minha melhor amiga está morrendo.

Deixei que chorasse um bom tempo, enquanto falava:

– Não é justo, não é justo... Bea não merece isso... Por que ela? Está toda inchada e mal fala... Prometi a ela que iríamos juntas à universidade... O que é que eu vou fazer sem a Bea?... Se Deus existe, por que permite isso? Ela está morrendo!

Falamos de muitas coisas, de Bea, do curso, da universidade, da morte, de Deus... e Maria se tranqüilizou bastante. Incentivei-a a acompanhar Bea até o último momento, mas disse que ela tinha de ser forte.

– O que ela mais precisa agora é de gente otimista ao seu redor, uma verdadeira amiga que lhe ajude a morrer.

Maria recomeçou a chorar.

– Não sei se consigo fazer isso.

– Sim, você vai conseguir porque gosta dela. Além do mais, seus pais estão com ela.

– A mãe chora o tempo todo, e o pai só fica consolando a mulher.

– Percebeu? Aí é que você entra. Suas visitas serão para Bea como um ar fresco de esperança.

Assim foi, e Maria encheu de vida os últimos dias de sua melhor amiga.

No entanto, essa entrega por sua amiga lhe custou caro. Ela se mostrava forte no quarto de Beatriz, mas fora sofria com uma terrível angústia. Sugeri que comentasse com seus pais, que eles a ajudariam, mas ela me respondeu:

– É coisa minha. Por favor, não conta para os meus pais.

Contexto: a dor, a doença e a morte

A vida não é um caminho de rosas. O sofrimento, a doença e a morte são experiências cotidianas, realidades com as quais há que se contar, mas que são difíceis de "contar" para nossos filhos. O excessivo protecionismo nos leva a tapar-lhes os olhos para que não vejam a parte desagradável das coisas. Esforçamo-nos por mostrar sempre a fachada principal e ocultamos deliberadamente deles o beco dos fundos. Desde pequenos, esterilizamos todas as suas experiências para que as amarguras da vida não os toquem. Deste modo, estamos criando pessoas imunodeficientes, incapazes de enfrentar a dor, de assumi-la e superá-la. Ensinar nossos filhos a sofrer não significa "desmanchar prazeres" nem fazer com que sofram gratuitamente, mas prepará-los para quando o mau momento chegue, sem melodramas nem exageros, mas sempre com realismo, único ponto de partida para construir um firme otimismo vital.

A sociedade do bem-estar nos apresenta uma existência livre de preocupações ao preço de esconder o lixo debaixo do tapete. Pretende desterrar a dor, a doença e a morte encobrindo-as com várias camadas de superficialidade, diversão, prazer e comodidades. Mas esses recursos se mostram, ao fim e ao cabo, como uma solução meramente cosmética. Ao tentar ignorar a parte escura da vida, a sociedade do bem-estar gera, como já se disse, um mal-estar generalizado, que percebemos quando tropeçamos com as contrariedades e os reveses que aparecem no nosso caminho.

O refluxo dessa exaltação do bem-estar deixa ver o poço de pessimismo que fundamenta nossa sociedade. Um de seus sinais mais evidentes é que não sabemos o que fazer com a dor. Ao ter concentrado todas as forças em eliminá-la, e não havendo conseguido, ficamos inermes frente a ela. O homem atual dispõe de mais meios do que nunca para enfrentar a dor; no entanto, tem autêntico horror a ela, porque perdeu seu sentido (já se chegou a dizer que "o único sentido da dor é que a dor não tem sentido").

A combinação entre dor e sentido é o que chamamos de sofrimento. Sou capaz de sofrer na medida em que a dor que me invade tem um sentido para mim. Não se trata de sofrer por sofrer, tomando-se o estoicismo ao pé da letra, mas de combater a dor com todos os meios científicos ao nosso alcance, mas sabendo que somente poderemos vencê-la se formos capazes de assumi-la. Nenhuma dor será insuportável se soubermos encontrar um sentido e se, além disso, esse sofrimento for compartilhado.

Prevenir e corrigir

A sofrer também se aprende. Mas, infelizmente, em geral se aprende à base de duros golpes. Os pais tendem a aplanar tanto o caminho para os filhos que, quando estes topam com o primeiro buraco, são pegos totalmente desprevenidos. Ajudamos os filhos a deslizar pela vida com os mínimos riscos possíveis, sem perceber que lhes facilitar as coisas nem sempre significa uma ajuda real.

Quando estamos aprendendo a esquiar ou a patinar, a primeira coisa que aprendemos é a cair; porém não ensinamos nossos filhos a cair e, quando aparece o primeiro obstáculo, desmoronam. Talvez devêssemos ensiná-los a sofrer, não para evitar que sofram, coisa que é impossível, mas para que saibam afrontar a dor quando ela vier.

Algumas orientações que podem nos ajudar:

• Saber dizer não. Alguns pais parecem não saber pronunciar esse monossílabo. Em certa ocasião, em uma reunião de pais, fizemos com que todos os presentes, em coro e a seguir individualmente, pronunciassem a palavra "não" para demonstrar-lhes que eram capazes de fazê-lo; no entanto, não sabemos se depois puseram isso em prática em casa. Dizer "não" aos caprichos ou exigências dos nossos filhos é uma forma de ajudá-los, desde pequenos, a enfrentar a frustração, de fortalecer seu caráter.

• Ensiná-los a refletir sobre seus sentimentos, a não colocar a cabeça atrás do coração, mas o coração no compasso da cabeça. Alguns acontecimentos congelam o coração, outros o inflamam; se "perdermos a cabeça", poderemos acabar congelados de frio ou abrasados pela paixão.

• Ajudá-los a controlar as emoções. Não se trata de congelá-las, mas de canalizar sua manifestação de forma que não sejam desproporcionadas e que lhes permita adquirir experiências emocionais.

• Prepará-los para a vida (e para a morte). A morte é uma realidade que tendemos a pôr entre parênteses, sobre a qual temos medo de falar, mas com a qual, no entanto, temos de contar. Preparar nossos filhos para a morte não é uma metáfora filosófica, mas uma tarefa tão importante quanto difícil. Um livrinho infantil que trata sobre a vida e a morte termina com a seguinte epígrafe: "A morte faz com que nos esforcemos"; talvez esta seja uma primeira idéia.

• Conversar com eles sobre o sofrimento, a doença e a morte. Fazer com que pensem e discutam juntos. Propor leituras "fortes" que tratem desses temas.

• Trabalhar a virtude da força. Dissemos que "a morte faz com que nos esforcemos". Será mais fácil engolir um mau bocado se estivermos preparados para isto.

• Que não nos importe que nos vejam sofrer. Devemos aproveitar esses momentos para dar exemplos de força, serenidade e alegria. Estar doentes, por acaso, não significa estar tristes. Se nos vêem chorar, temos de explicar por que choramos...

• Ensiná-los a apreciar as coisas boas que temos: a saúde, o carinho da família, as pequenas comodidades, os amigos, a liberdade...

Esses momentos difíceis, desesperadores e traumáticos são uma boa ocasião para colocar coisas importantes, para fazê-los pensar, para ajudá-los a distinguir o importante do secundário, para animá-los a se comprometer com o que realmente vale a pena. É importante que estejamos ao seu lado da primeira vez que vivam uma experiência desse tipo e devemos aproveitá-la para ajudá-los a amadurecer e a despertar neles a generosidade.

20

QUERO FAZER PLÁSTICA

Olga está complexada por causa do seu físico. Aos 17 anos, acha que tem pouco busto. Compara-se continuamente com suas colegas e com as moças que aparecem nas revistas. Faz tempo que usa sutiã com enchimento, mas está preocupada com o verão: não poderá mostrar uma figura sensual na praia, como o resto de suas amigas. Além do mais, está convencida de que essa é a razão pela qual os rapazes não prestam atenção nela.

– Quero fazer plástica, já decidi – disse –. Finalmente vou deixar de ser uma tábua.

– Olga, você pensou bem? Falou com seus pais?

– Comentei com minha mãe, e ela começou a rir. Disse que quem dera ela tivesse esse tipo de preocupação. Mas vou fazer, estou decidida. Tenho umas economias e antes do verão vou fazer a plástica.

– Mas você vai precisar da autorização de seus pais, não vai?

– Que nada! Completo 18 em abril. Já tenho hora marcada.

Tentei aumentar sua auto-estima falando de suas muitas qualidades, mas para ela o físico era o centro de tudo. Ela se sentia complexada, angustiada por não poder mostrar uma figura atraente. Falei sobre os riscos desse tipo de cirurgia (ela os ignorava) e a convenci a deixar a idéia de se operar para mais tarde. Olga não revogou sua decisão, mas disse que pensaria.

– Não conta para os meus pais – implorou ao se despedir.

Contexto: o culto ao corpo

Muitas pessoas vivem obcecadas com o físico. São capazes de passar fome, de passar horas sofridas na academia e até de se submeter a perigosas cirurgias, tudo para eliminar os tais quilos a mais, alisar a barriga, ter um torso musculoso, poder ostentar uma figura mais sensual e tirar alguns anos de cima. Damos tanto valor ao aspecto exterior que se pode dizer que transformamos a realidade em aparência. O que importa não é o que se é, mas o que se aparenta: "Você aparenta menos de 50 anos" é o melhor elogio que se pode fazer a uma pessoa de 60. O que conta é aquilo que se oferece ao olhar: o conteúdo é o de menos.

Vivemos uma autêntica cultura do corpo. O cinema e os meios de comunicação nos bombardeiam continuamente com figuras perfeitas, enquanto que a publicidade nos instiga a conseguir um "corpo Danone". Seu cânone de beleza nos tiraniza. Perseguimos uma imagem ilusória de nós mesmos e ciframos a felicidade em alcançá-la. Proclamamos que "meu corpo é meu", mas nos sentimos escravizados por ele.

Os centros de estética se tornaram autênticos templos da religião do corpo, propiciadores de uma felicidade *à la carte*. Eliminar a celulite, aumentar os seios, desfazer-se dos antiestéticos pneuzinhos, esticar o rosto, implantar cabelo, depilar-se, tirar os pés de galinha e as olheiras, retocar o nariz, dissimular a papada: é só uma questão de se pôr nas mãos dos especialistas. A nova tecnologia *laser*, os modernos métodos de lipoaspiração, a cirurgia plástica, os recentes tratamentos emagracedores, os remédios milagrosos, as máscaras e cremes rejuvenescedores colocam ao nosso alcance um direito primordial: ter um corpo perfeito. O anúncio de um desses centros apresenta essa genuína "declaração dos direitos do homem": "Você tem direito a melhorar seu corpo; a ter cabelo; a ser mais saudável; mais bonito; tem direito a rejuvenescer seu rosto; a um corpo mais esbelto e sem gordura; a eliminar os pêlos do torso, das pernas; tem direito a não ter acne, nem varizes; a retocar seu nariz, orelhas, peito, abdômen...; a eliminar rugas e papadas; a esquecer-se das lentes e dos óculos".

A ânsia por ter um corpo magro e musculoso tem levado muitas pessoas a cair no transtorno psicológico caracterizado pela obsessão com o corpo. De certa forma, é uma patologia similar à anorexia mas de signo contrário. As vítimas desse tipo de obsessão são viciadas em academia e salas de musculação. São capazes de sofrer pesadas penas para estar em forma, para ter um corpo vigoroso e atlético. Muitos consomem anabolizantes e outras drogas com a finalidade de esculpir uma figura perfeita. Parece que seu ideal é alcançar um corpo como o das esculturas que representam os deuses da mitologia clássica, sem se dar conta de que o mármore não envelhece enquanto que suas carnes, sim.

Muitas pessoas "deixam a pele" para salvar as aparências, mas não levam em conta que as aparências enganam.

Prevenir e corrigir

Esse tipo de obsessão ocorre sobretudo em jovens e adolescentes. Seus ídolos são esportistas, modelos e cantores com um físico espetacular. Querem parecer com eles, por isso imitam seus gostos, suas formas de falar e se vestir, mas também desejam ter abdominais lisos, torso musculoso e um corpo imponente como o que seus ídolos ostentam. Por outro lado, os jovens buscam a manifestação da perfeição em seus corpos porque é a parte de seu ser que melhor podem controlar; além do mais, nessa etapa, a biologia caminha a seu favor. Mas, apesar disso, a auto-exigência pode chegar a ser obsessiva pela simples razão de que a perfeição material é impossível; sempre haverá uma espinha inoportuna, um cabelo rebelde, uns culotes que se negam a desaparecer. Não é estranho, portanto, que nossos filhos estejam preocupados com o seu físico, que passem horas se olhando no espelho; o que nós temos de fazer é ensiná-los a olhar mais para dentro, onde podem encontrar realmente a si mesmos.

Para isso, podemos seguir essas recomendações:

• Criar um espírito crítico com respeito aos modelos que são mostrados pelos meios de comunicação, o cinema e a publicidade. Podemos explicar-lhes a quantidade de retoques que tem uma fotografia de uma capa de revista em que aparece um rosto bonito. Em muitos anúncios, o rosto pertence a um ator ou atriz, as mãos a outro e as pernas a outro, o que significa que ninguém é perfeito.

• Fazer com que percebam que o que conta é a atratividade interior, ou seja, aquilo que uma pessoa realmente é, não o que aparenta ser. A beleza é equilíbrio e harmonia, mas esse equilíbrio e essa harmonia não vêm de fora. O conhecido ditado "a beleza está no interior" não é um tópico para consolar os feios, mas uma realidade que precisa ser explicada com delicadeza e carinho.

• Ensinar que são mais importantes numa pessoa qualidades que não têm relação com o físico, como simpatia, inteligência, bondade, ternura, capacidade de diálogo...

• Procurar soluções (dietas controladas, endocrinologista, dermatologista, ortodontista etc.) no caso de que exista um defeito real (excesso de peso, acne, má oclusão dental etc.) Temos de ajudá-los a se sentir atraentes.

• Educá-los na generosidade. Se forem capazes de pensar nos outros, nos que estão "pior que eles", quando chegarem nessa etapa saberão deixar de pensar só em si mesmos (há que lembrar que o adolescente é egoísta por natureza), e isto os ajudará a dar menos atenção para os seus possíveis complexos.

• Atentar para o exemplo que damos. Se percebem que estamos obcecados com o nosso corpo, é lógico que também vão se obcecar. Se o primeiro juízo que emitimos sobre uma pessoa sempre tem a ver com o físico, é normal que eles tenham a aparência como critério.

• Ensiná-los a se aceitar como são e a valorizar os outros, para evitar que sejam invejosos. Às vezes, os educamos na competição e no perfeccionismo, sem perceber que essas atitudes podem provocar esse tipo de situação.

No caso de nosso/a filho/a começar a se obcecar com o corpo, a ter hábitos perigosos, como dietas exageradas ou passar muitas horas na academia, ou reivindicar seriamente uma cirurgia estética, devemos:

• Avaliar se realmente o objetivo está distorcendo a realidade ou dramatizando uma situação não tão trágica como pode parecer desde a sua perspectiva.

• Entender que para ele ou ela esse defeito pode ser muito importante, ainda que para nós pareça "uma bobagem". Conseguir desviar o assunto não significa que não o levamos a sério. Fazer piadas a esse respeito pode ser muito dolorido.

• Chamar a atenção para suas qualidades: o sorriso, a simpatia, a perspicácia, a voz, o bom humor, a altura, a serenidade... Cada pai, cada mãe, saberá destacar alguma coisa de seu filho ou filha que sirva para espantar o fantasma dos complexos tão freqüentes nessa idade.

• Valorizar nosso filho/a pelo que é e não pelo que aparenta.

• Falar dos riscos desse tipo de práticas, que, inclusive, no caso das cirurgias plásticas, podem levar à morte.

• Se aquilo que ele ou ela pretende se justifica, consultar um endocrinologista ou um cirurgião plástico. Não temos de nos opor a que melhorem seu corpo, mas sim a que corram riscos desnecessários, tanto físicos como psicológicos. Às vezes, uma cirurgia plástica elimina um complexo que pesa como uma pedra na sua vida; outras vezes, a mesma "solução" supõe um desequilíbrio emocional.

• Adiar a cirurgia, no caso de que a solicitem. Às vezes, é uma coisa passageira, típica dessa idade. Se deixarmos passar um tempo, pode ser que a obsessão desapareça.

• Ter em conta que nem sempre a solução é fácil e do que nosso/a filho/a realmente precisa é de uma mudança interior. Neste caso, devemos buscar a ajuda de um psicólogo.

21

NÃO SOU LADRÃO

Há uns dias alguns alunos deram pela falta de dinheiro. Não era uma quantia grande (um ou dois euros), mas o fato havia gerado um constrangimento. Pelas visitas inusuais ao ginásio, onde os roubos ocorreram, e por haver despertado a desconfiança de alguns professores, o principal suspeito era Raul, um rapaz do 2º ano do Ensino Médio em quem eu confiava muito e de quem nunca havia pensado que fosse capaz de uma coisa dessas. Tive de falar com ele com o objetivo de sondá-lo. Ele notou logo.

– Hoje você está de detetive, né?

– Eu só quero saber se você tem alguma coisa a ver com os roubos – fui direto ao ponto.

Ele também foi direto:

– Fui eu – disse com certo arrependimento, mas também com uma pitada de tom reivindicativo.

Fiquei sem saber o que dizer. Não podia acreditar que Raul, que nunca precisara de dinheiro, muito pelo contrário, estivesse metido nessa encrenca. Alguma coisa estava errada. Como que não dando crédito a suas palavras, voltei a perguntar:

– Raul, você tem alguma coisa a ver com os roubos no ginásio?

– Já disse que sim: fui eu, mas não sou ladrão. Não tenho dinheiro e sou obrigado a pegar emprestado. Juro que vou devolver.

Mostrou-me uma lista das quantias que havia tirado de cada grupo, o que mostrava sua intenção de restituir o que roubara, e prosseguiu:

– Faz um mês que meus pais me tiraram a mesada até o fim do curso, como castigo por ter sido reprovado em Língua Espanhola. Com o que tinha economizado, fui levando, mas, por fim... não posso andar sempre de mãos abanando. Pego dinheiro da minha mãe, mas não é suficiente... Sei que não é certo, mas o que posso fazer? Pedir um empréstimo?

– Por que não pediu a seus pais que suspendessem o castigo?

– Nem me deram bola. São muito duros com os castigos, você sabe disso. Se quando vieram as notas, em vez de até o final do curso, eles tivessem dito até o fim do ano ou até daqui a três anos, não teriam dado o braço a torcer.

– Bem – concluí –, será melhor que você se apresente agora na Direção e conte tudo. Eu vou com você. Depois falaremos com seus pais.

– Não, por favor – Raul pulou –. Assumirei qualquer sanção, mas... não conta para os meus pais.

Contexto: prêmios e castigos

Os castigos desproporcionados costumam ter conseqüências desproporcionadas. Em educação, sua eficácia é inversamente proporcional à sua dureza, de tal forma que, quase sempre, o tiro sai pela culatra. Isso não significa que se deva desterrar a dinâmica do castigo como sendo uma fórmula educativa obsoleta, mas sim de utilizá-lo com prudência e bom senso, ao mesmo tempo em que se colocam em jogo outros meios mais eficazes, como a prevenção, o exemplo e a motivação dialogada.

Até há uns três anos, educar consistia quase exclusivamente em corrigir atitudes que se consideravam incorretas. A nova educação, ao contrário, é sobretudo preventiva. Agora não se trata de ir apagando incêndios, mas de chegar antes que o incêndio ocorra. As mudanças sociais promoveram formas de vida, estruturas familiares e relações entre pais e filhos que requerem uma maneira de educar radicalmente nova. Se antes os prêmios e castigos exerciam um papel fundamental, agora o exemplo e a motivação dialogada são os mecanismos que devem prevalecer em toda área educativa, porque se trata, se possível, de prevenir.

Logicamente, a estratégia dos prêmios e castigos deve entrar em jogo na tarefa preventiva, mas com condições predeterminadas a fim de que sejam realmente eficazes. Falaremos adiante dessas condições.

É evidente que o exemplo tem um grande valor educativo. Uma criança aprende mais com o que vê do que com o que ouve. Especialmente se o que ouve contradiz o que vê. "As crianças não são bobas", diz-se para expressar que elas têm um senso especial para captar o exemplo das pessoas que as rodeiam, sobretudo de seus pais. É preciso considerar que em educação "um exemplo vale mais que mil palavras".

No entanto, a motivação é a arma educativa por excelência. Premiar e castigar são suas formas mais arcaicas, que devem ser completadas com o diálogo e o comprometimento dos pais. Se temos motivos para fazer alguma coisa, não somente a faremos com mais interesse e dedicação, como a interiorizaremos melhor: e em que consiste a educação senão em conseguir que nosso filhos interiorizem o que fazem e isto lhes sirva para amadurecer? A motivação é como um grande trampolim para a ação, é a causa subjetiva do nosso obrar: podemos fazer coisas sem estar motivados, mas, neste caso, teremos de saltar sem trampolim.

Os motivos que nos impulsionam a atuar de uma determinada maneira são os volúveis e os sedutores. Eles incitam, mantêm e dirigem a ação. Podemos distinguir três tipos de motivos: *extrínsecos*, quando a motivação vem de agentes externos, como os prêmios e castigos; *intrínsecos*, quando fazemos alguma coisa simplesmente porque nos agrada ou porque nos diverte; *instrumentais*, quando aquilo que fazemos pode servir para outra coisa, por exemplo, para que os pais fiquem contentes ou para adquirir prestígio entre os amigos. Os motivos extrínsecos são determinados pela autoridade dos pais; os intrínsecos, pelo que poderíamos chamar de cultura familiar; e os instrumentais, pelo ambiente. Em geral, a motivação extrínseca costuma ser de caráter material – mesada, incentivos, presentes –, o que representa uma contradição quando se pretende motivar uma atividade, por exemplo, intelectual, como o estudo. Além do mais, como depende diretamente da autoridade dos pais, pode gerar um repúdio. A motivação intrínseca é muito mais aconselhável. Quando um menino ou uma menina faz alguma coisa porque gosta, dizemos que não é necessário motivá-lo/a, porque já está motivado/a. Esses motivos dependem da cultura familiar, ou seja, daquilo que os pais tenham cultivado em seus filhos: gostos, costumes, *hobbies*... A motivação instrumental opera em função do ambiente familiar e social em que nossos filhos vivem: num entorno pode ser que a promoção profissional seja mais importante (mais motivadora) do que em outro.

Mas há um quarto tipo de motivação que também deveríamos levar em consideração: a *motivação moral*. Trata-se de fazer o bem sem buscar recompensa, nem extrínseca, nem intrínseca, nem instrumental. Os motivos morais são determinados pelo dever, que se apresenta como a única "razão" para levar a cabo atividades solidárias, tolerantes, de respeito e ajuda mútua, altruístas etc. Esse dever moral dependerá dos critérios morais que se digladiam e, em última instância, dos valores que se vivem em família.

Prevenir e corrigir

Falamos em motivação dialogada. A que nos referimos? Não, logicamente, a repreender ações por meio de castigos nem a suscitar atitudes à base de incentivos. A educação é uma atividade muito mais complexa que o simples adestramento e requer, sobretudo, diálogo. A motivação dialogada vai mais além do esquema estímulo-resposta e supõe maior dedicação por parte dos pais, que devem levar a cabo as seguintes fases:

- Criar um ambiente para o diálogo. Devemos buscar o entorno adequado para que nossos filhos nos ouçam. Não conseguiremos nada falando quando estiverem, e estivermos, irritados, com pressa ou preocupados com outras coisas. Trata-se de propiciar o encontro. Desta maneira, facilitaremos que se engajem.

• Provocar a necessidade da mudança. Fazer com que percebam a conveniência de melhorar sua atitude ou seu comportamento numa questão determinada, dando-lhes razões que tenham força para eles.

• Convencê-los de que são capazes de fazê-lo. Não é possível mudar ou melhorar se a própria pessoa não está convencida de que pode conseguir isso. Como pais, devemos procurar uma forma de fazer com que percebam que são capazes de conseguir.

• Ajudá-los. Demonstrar que não estão sós, que contam com nosso apoio. Segundo o caso, procurar ajudas concretas.

Na hora de motivar, devemos prestar atenção no que falamos e em como falamos. Assim, há frases que provocam uma atitude positiva, como: "Tenho certeza de que você é capaz de fazer", "Estou muito orgulhoso de você", "Percebo que você está melhorando a cada dia", "Você vai conseguir"...; enquanto que outras conseguem justamente o contrário, como: "Estou farta de você", "Você é incapaz de fazer", "Aprenda com o seu irmão", "Você me mata de desgosto"...

Não se trata, como já falamos, de prescindir totalmente dos prêmios e castigos, mas de implicá-los no projeto da motivação dialogada. Para isso, devemos ter em conta:

• Se é preciso castigar, deve ficar claro que se castiga uma determinada conduta, não a pessoa. Não se trata de "encher o saco" do filho, mas de exercer o papel de pais. Quando impomos um castigo, poderíamos dizer ao nosso/a filho/a: "Gosto muito de você, mas o que você fez é errado"; seria uma forma para que entendesse que não estamos fazendo alguma coisa contra ele ou ela, mas contra o que fez.

• Avisar sobre as possíveis sanções ou prêmios. Em certos casos, podem ser pactados. Se nosso/a filho/a sabe que ficará sem sair amanhã se chegar tarde hoje, não apenas é mais fácil fazer com que seja pontual como que aceite o castigo sem que seja necessária uma discussão.

• Não impor castigos desproporcionados e duradouros. Aquilo que os pais de Raul fizeram é totalmente inadequado. Castigar sem mesada um filho porque foi reprovado numa disciplina é totalmente desproporcionado, e para o resto do curso, excessivamente duradouro. Os castigos devem ser proporcionais à falta.

• O prêmio ou o castigo deve estar relacionado com a conduta que se pretende estimular ou mudar, não com o grau de raiva que tenha provocado em nós. Não devemos castigar uma criança que quebra um vaso jogando bola no corredor em função do valor do vaso, mas em função da ação cometida, que supõe desobedecer uma ordem doméstica. Devemos ter em conta que, se utilizarmos exclusivamente prêmios e castigos materiais, estaremos formando pessoas materialistas.

• Os castigos nunca devem supor sofrimento físico ou psicológico. "Uma bofetada bem dada..." nunca está bem dada. A agressão física, mesmo que mínima, responde no fundo a uma falta de controle do pai ou da mãe. Nenhum filho "merece um tabefe", como se costuma dizer. Não devemos nos esquecer de que violência gera violência.

• Evitar que os castigos repercutam em aspectos importantes da vida de nosso/a filho/a. Sancionar não há de ser um ato vingativo: não se trata de "bater onde mais dói", mas de ajudá-los a melhorar. Se castigamos nosso filho/a sem sair durante um mês, talvez estejamos provocando um desequilíbrio afetivo importante.

• Não improvisar ao impor castigos e fazê-los cumprir. Os castigos devem ser pensados. Por isso, não há problema em variar a sanção na busca da mais adequada. Uma vez imposto um castigo, devemos zelar para que seja cumprido, ainda que isso suponha um esforço da nossa parte. Um castigo não cumprido tira a autoridade dos pais. Devemos considerar que castigar supõe sempre castigar a nós mesmos.

- Recriminar em privado e elogiar em público. Por exemplo, não castigá-los diante de seus amigos. Do contrário, iremos minando pouco a pouco sua auto-estima.
- Elogiar mais do que recriminar. Trata-se de educar positivamente. Para cada vez que repreendemos nossos filhos, devemos elogiá-los dez vezes.

22

SE EU NÃO FIZER, MEU NAMORADO VAI ME LARGAR

Costumo conversar bastante com Raquel, uma menina de 15 anos, extrovertida porém um pouco insegura. Ela confia muito em mim. Estou a par de sua "vida sentimental" e, claro, da sua relação com Alberto, dois anos mais velho que ela. Na segunda-feira, disse que queria falar comigo, que era muito urgente. Quando um adolescente diz isto, você tem de largar tudo o que está fazendo e atendê-lo logo: no dia seguinte, pode ser que ele já não precise contar nada.

– Como vão as coisas com Alberto?

– Muito bem... mas acontece que....

Raquel procurava as palavras adequadas.

– Acontece que ele quer que a gente faça....

– Que a gente faça...? – perguntei com afetada ingenuidade.

– Que a gente faça amor. Ele fala que gosta de mim, que já estamos juntos há dois meses e que, se eu gosto mesmo dele de verdade, tenho de estar a fim. Também falou que eu não preciso me preocupar, que ele vai tomar cuidado para eu não ficar grávida. Marcamos para esta sexta-feira à noite, um amigo dele vai emprestar a casa para nós.

– E você vai?

– Vou.

– Por quê?

– Porque eu gosto dele e, se eu não fizer, ele vai me largar.

Bom, pelo menos foi isso que a Carolina e as outras disseram. Elas já fizeram.

– O que foi que a Letícia falou?

– Para eu não fazer, que não precisa chegar a isso para demonstrar para uma pessoa que você gosta dela. Imagine que ela me falou que, se fizermos, o Alberto vai me largar e eu vou me arrepender. O que é que ela, que nunca namorou, pode saber sobre isto?

Raquel estava mais que diante de um dilema: estava diante de uma rua sem saída. Se não tivesse falado comigo e, sobretudo, se não tivesse uma amiga como Letícia, provavelmente teria se deixado levar e na próxima semana estaria na turma da Carolina. Eu a fiz refletir sobre o que sua amiga havia dito. Conversamos longa e detalhadamente sobre o sentido do amor e as relações sexuais. Era claro que Raquel não queria, mas, infelizmente, neste assunto isso não conta: são levados pelo ambiente, pelo medo de perder uma relação afetiva, pelos conselhos das amigas, pelo que os outros vão dizer... Não vou contar o que aconteceu naquela sexta-feira à noite, apenas que, quando se despedia, Raquel me pediu:

– Não conta para os meus pais.

Contexto: relações sexuais

Não é exagero afirmar que vivemos numa sociedade erotizada e sexualizada. Os estímulos sexuais nos meios de comunicação são contínuos, explícitos e impetuosos. Reduzimos as relações pessoais ao nível da genitalidade e a felicidade a uma vida sexual prazerosa. Ao mesmo tempo em que transformamos a promiscuidade em virtude e alardeamos o permissivismo sexual como signo de progresso e liberdade, vemos encherem-se os consultórios dos sexólogos, aumentarem as separações, o número de adolescentes grávidas e os abortos bem como multiplicarem-se os casos de doenças venéreas, como a Aids.

Parece que a liberação sexual iniciada há 30 anos não nos tornou mais livres nem mais felizes. Seja como for, simplificou, e portanto despersonalizou, nossas relações e fez do sexo uma rotina de usar e descartar. O sexo é algo que se pratica, como um esporte ou um *hobby*, e apresenta tantas modalidades quanto admita a imaginação. O grito incitante que propunha elevar "a imaginação ao poder" levou ao princípio da indiferença: "tudo é permitido". Os limites cada vez são mais imprecisos e se reduzem ao acordo mútuo e ao respeito aos menores. No entanto, é fato que aumentaram as denúncias por violação, assédio sexual e maus-tratos, assim como a pornografia infantil e a pederastia.

Essa situação faz com que nos preocupemos com uma ética sexual principalmente "higiênica", ou seja, orientada para o que fazer para evitar danos à saúde física e psíquica (esses princípios éticos também se aplicam a outros âmbitos, como a drogadização ou o alcoolismo: não se diz "não beba", mas "se beber, não dirija"). A partir do "vale tudo", incentivou-se a chamada "sexualidade responsável", que, embora previna algumas conseqüências indesejadas, não responde a uma visão integral da pessoa.

Talvez fosse o caso de se começar a trabalhar a idéia de uma "sexualidade inteligente", que leve em conta a tríplice dimensão da pessoa: corporal-afetiva, intelectual e espiritual, começando por não falar de "sexo" mas de sexualidade. O "sexo" se refere ao nível corporal e aos afetos que o acompanham; já a sexualidade está relacionada à pessoa como um todo e tem sentido mais além do puramente biológico. Por isto, não se trata de pôr tanta ênfase na educação sexual dos adolescentes, como se vem fazendo nestes últimos anos (e que em muitos casos se reduz a ensinar técnicas para praticar "sexo seguro"), mas na educação da pessoa, que inclui também sua dimensão sexual.

Prevenir e corrigir

Os adolescentes se caracterizam por sua "pressa de viver". Querem experimentar tudo já, como se a vida fosse acabar depois de amanhã. Em geral, tendem a se comportar de maneira irrefletida e imprudente; é difícil para eles pensar antes de agir porque consideram isto uma perda de tempo. Nós podemos dizer-lhes que "vale a pena esperar", e vale desde nossa perspectiva, justamente a que eles não têm. Num assunto como este, saber esperar é tão difícil quanto importante, por isto, temos de ensinar nossos filhos a ser pacientes; o problema é que saber esperar se aprende esperando.

Para levar a cabo uma educação adequada da sexualidade de nossos filhos, devemos circunscrevê-la na educação integral da pessoa. Para desenvolver essa tarefa, podemos ter em conta alguns critérios:

- A sexualidade é uma parte da pessoa, mas a pessoa é muito mais do que sua sexualidade. Podemos mostrar-lhes que há comportamentos sexuais que nos despersonalizam.
- Numa determinada idade, pode-se fazer com que vejam que, embora tenham maturidade fisiológica suficiente para manter relações sexuais, não têm maturidade psicológica nem pessoal para desenvolver sua sexualidade.
- Controlar o estímulo sociocultural: cinema, televisão, opinião, revistas juvenis. Quase todas essas revistas contêm um consultório sentimental que recomenda coisas como esta: "Quando estiver num bar e seu gato se levantar para ir ao banheiro, certifique-se de que não há mais ninguém lá e surpreenda-o com uma rapidinha". A promiscuidade sexual na adolescência se deve mais aos excessos de estímulos externos que ao desajuste hormonal.
- Não considerar as pessoas como meios. Se nós utilizamos as pessoas para nossos próprios fins, não temos força moral para ensiná-los a não se utilizar mutuamente para obter prazer.
- Ensinar o autocontrole. A inteligência, não o instinto, deve guiar nossos atos. Explicar-lhes que o principal órgão sexual do ser humano é o seu cérebro.
- Sermos os primeiros informadores sobre os assuntos referentes à sexualidade. Fazê-lo o quanto antes, assim que possam entender (por volta dos oito anos).

• Falar de sexo com naturalidade. Não transformá-lo num assunto tabu. Deve ser um assunto entre outros da confidência com nossos filhos.

• Responder a todas as suas perguntas e fazê-lo com veracidade e sem subterfúgios. Não dizer mais do que necessitam saber de acordo com a idade, mas tampouco limitar a informação. Incentivá-los a perguntar sobre o tema.

• Dar-lhes afeto para que não o busquem fora. O déficit afetivo pode levar a buscar afeto numa relação sexual.

• Ensinar-lhes que o amor que sentem por uma pessoa não tem por que coroar-se com uma relação sexual. Às vezes, o sexo desfigura o amor. Nossa afetividade pode se manifestar de muitas outras maneiras: conversas, atividades conjuntas, afeto, cumplicidade...

• Fugir do sentimentalismo excessivo. Os sentimentos não são bons conselheiros para a ação. Não é bom que nossas ações sejam movidas somente pelos afetos.

• Ajudá-los a entender que a relação amorosa não se dá apenas entre dois corpos ou dois corações, mas entre duas pessoas.

• Ocupar seu lazer de forma enriquecedora: esporte, brincadeiras, leitura...

Se nosso/a filho/a tivesse confiança suficiente em nós para colocar uma situação semelhante à de Raquel, o que faríamos? Algumas idéias que podem nos ajudar:

• Averiguar se buscar essa relação não é uma forma de compensação para outras frustrações.

• Explicar-lhe que estar preparado fisicamente para levar a cabo uma relação sexual completa não significa que tenha a maturidade suficiente. A falta de maturidade pode torná-la uma experiência negativa.

• Há meninos e meninas que forçam uma primeira experiência sexual para não se sentir excluídos do grupo. Argumentam que "todos já fizeram" e temem ficar mal. Os meios de comunicação, que costumam apresentar os jovens que se declaram virgens como raras exceções pelas quais devemos sentir uma jocosa compaixão, também influenciam neste caso. Nós podemos fazer com que perceba que o "todos" são "alguns" e ajudá-lo a manter suas convicções apesar do peso do ambiente.

• Alertá-lo sobre as conseqüências físicas, psíquicas e afetivas de uma relação sexual em suas circunstâncias, assim como sobre os riscos das doenças sexualmente transmissíveis.

• Alertar sobre o perigo de entrar na dinâmica da promiscuidade sexual. O ato sexual supõe uma entrega total, no mínimo no nível físico. Quando acontece cedo demais, essa entrega costuma ser um elemento que desequilibra a relação e trivializa o sexo.

• Ensinar-lhe que a sexualidade é genérica (atração pelo outro sexo), enquanto que o amor é pessoal (une duas pessoas).

• Explicar-lhe o sentido do compromisso. É um conceito que está em desuso, porque os jovens tendem a fazer efetivos os seus afetos sem se preocupar com as conseqüências; no entanto, nós temos a responsabilidade de orientá-los neste aspecto, já que a relação de casal pode ser tanto a fonte das maiores satisfações quanto das maiores frustrações de uma pessoa.

• Desmistificar a necessidade sexual. O homem não pode, por exemplo, escolher viver sem comer (morreria), mas pode, sim, escolher viver sem exercer sua sexualidade. Também é livre quando diz não. Não ter medo de ser livres.

23

TENHO MEDO DO MEU PAI

Achamos estranho. Não dava para acreditar no que o professor de Educação Física estava contando. Miguel havia dado um murro num colega! Não podia ser! Nós o conhecíamos há algum tempo e nunca tinha se mostrado agressivo; ao contrário, atuava sempre como mediador nos conflitos, era tranqüilo e pacífico. Antes do reinício das aulas, fui à sala do diretor, onde Miguel estava, para falar com ele.

– O que aconteceu? – perguntei.

– Não sei. Perdi o controle. A culpa é toda minha.

– E o que foi que fez você perder o controle?

– Ultimamente ando tenso. Todo o mundo implica comigo.

Achei estranho que ele dissesse isso, porque conheço bem a turma do 1º ano do Ensino Médio e posso afirmar que ninguém implica com ele. Conversamos sobre a relação com seus colegas e não achamos nada de anormal. Por fim, Miguel se abriu.

– É o meu pai. Ele está sempre implicando comigo. Parece que me persegue. Está sempre gritando comigo e não me deixa fazer nada. Tudo o que eu falo e faço, ele acha ruim. Ele não gosta dos meus amigos, da minha roupa nem da música que eu ouço. Desde que reprovei em Inglês vive dizendo que vou ser um fracassado e que vou acabar virando entregador de pizza. Hoje de manhã me deu uma bronca daquelas.

– Por quê?

– Porque.... – Miguel ficou um momento pensativo –, na verdade, não sei.

– O que a sua mãe fala sobre isto?

– Nada. Às vezes, fala que ele está passando dos limites, mas ele não liga. Quando estou com ela, está tudo bem, mas com meu pai é como se aumentasse a tensão. Então não sou capaz de estudar nem de fazer nada.

– Vocês brigam muito?

– No início, sim. Mas a briga sempre terminava com ele dizendo: "Aqui mando eu". Se eu respondia, às vezes acabava me batendo. Agora, prefiro ignorá-lo, porque ele continua me maltratando psicologicamente, dizendo que não sou nada, que eu lhe dou pena e coisas assim. Sabe de uma coisa?

– O quê?

– Eu tenho medo do meu pai.

– Você deveria falar com ele ou com sua mãe – insisti.

– Nem pensar. O que eu contei fica entre nós. Não conta para os meus pais.

Contexto: exercer a autoridade na adolescência

A relação entre pais e filhos, especialmente na adolescência, apresenta dois extremos: o abandono da autoridade e o autoritarismo. Seja por falta ou por excesso, a autoridade que corresponde aos pais acaba, em algumas ocasiões, por não se exercer e, como conseqüência, a educação de nossos filhos se ressente. Não conseguiremos transmitir nada se não houver autoridade; se não a exercermos, com a idéia equivocada de que poderemos limitar sua liberdade, nos transformaremos em "pais molengas", que não se envolvem na educação dos filhos. Mas tampouco conseguiremos transmitir alguma coisa partindo do autoritarismo; se para não perder as rédeas, utilizarmos o medo ou a coação, nos tornaremos pais "excessivamente duros", e o tiro sairá pela culatra: quando menos esperarmos, se voltarão contra nós, e comprovaremos que tudo aquilo que quisemos inculcar pela força se transformou em seu contrário.

O caso do pai de Miguel é um exemplo claro de autoridade mal compreendida, que se pode chamar de autoritarismo. O autoritário, ainda que pareça, não tem autoridade, por isto a fundamenta no medo. Pensa, como o Príncipe de Maquiavel, que é melhor ser temido que amado. Não dá ordens para fazer melhores aqueles que dependem dele, para ajudá-los a crescer, mas só pensa em si mesmo. O autoritário é egoísta. Teme que a situação fuja do seu controle, por isso se torna duro e intransigente. Não sabe retificar, porque acha que isto é signo de debilidade. Assim, torna-se uma pessoa excessivamente rígida e difícil de lidar.

A autoridade é o meio-termo entre o abandono e o autoritarismo. Tem autoridade para mim quem me faz crescer, porque sei que aquilo que me "obriga" a fazer é pelo meu bem. Temos autoridade por ser pais, mas é preciso conquistá-la dia a dia. Pode-se dizer que a autoridade é uma forma que os pais têm de dar amor aos filhos, é uma forma de servir. Seu exercício deve compaginar a determinação com a serenidade, a inteireza com a flexibilidade, a exigência com o carinho. Quando se exerce a autoridade é normal que apareçam fricções e enfrentamentos; no entanto, temos de ter em conta que os adolescentes não querem pais "molengas", que "não estão nem aí" para eles, mas pais comprometidos com sua educação. Pais aos quais não se pode contrariar não são pais de verdade.

Prevenir e corrigir

A autoridade bem exercida é necessária para a educação de nossos filhos. Devem exercê-la tanto o pai como a mãe, porque é o meio para levar a cabo o projeto educativo que decidiram para seus filhos. Esse exercício supõe não dar ordens aos gritos, não repetir as coisas, não delegar ao outro ("quando seu pai chegar..."), fazer cumprir os castigos impostos e perdoar sempre o filho, mas não o castigo que sua ação merece.

Alguns critérios a ter em conta para um exercício positivo da autoridade são:

• A autoridade deve se adaptar à idade. Não podemos tratar um filho da mesma maneira aos oito e aos 18 anos.

• Exercê-la desde os primeiros anos. Se deixarmos que seja o menino ou a menina quem mande em casa, quando crescerem virarão autênticos déspotas (não se deve esquecer que um dos traços do adolescente é o egocentrismo).

• Não pensar que, por exercer a autoridade, vamos perder sua confiança. Eles mesmos afirmam: "Amigos eu tenho muitos; eu quero um pai". É bom ser amigos de nossos filhos, mas sem deixar de ser pais.

• Nunca impor, mas dar razões válidas para eles. Quando nossos filhos são adolescentes, agir com autoridade é mais complicado e é necessário um esforço extra de nossa parte. Devemos investir tempo em explicar por que fazemos as coisas e tentar buscar razões que sejam realmente razões para eles.

• Durante a adolescência, o exercício da autoridade deve estar unido a uma manobra de motivação que consiste em criar o ambiente idôneo, fazê-los ver a necessidade de uma mudança de conduta, demonstrar-lhes que são capazes de fazer isto e estar à disposição para ajudá-los a conseguir.

• Ter em conta que os adolescentes dizem não a tudo. Temos de ter paciência e fazer com que reflitam para superar essa negativa imediata. Se frente ao primeiro "não" nossa reação é desproporcionada, pisamos no detonador de um novo conflito.

• "Um por todos" o pai e a mãe. Se não for assim, eles se aproveitarão do mais fraco.

• Agir sempre com carinho. O amor por nossos filhos não apenas não está brigado com a autoridade, ao contrário, é o que a justifica.

• Explicar-lhes que não somos "melhores" por exercer a autoridade: também temos falhas e nos esforçamos para melhorar.

Se estamos numa situação similar à do pai de Miguel, devemos mudar de atitude, já que o autoritarismo não é positivo nem para o nosso filho nem para nós. Com este objetivo, podemos seguir as seguintes indicações:

- Deixar-nos ajudar, sobretudo por nosso cônjuge.
- Compartilhar o problema com outros pais.
- Ponderar as conseqüências negativas que essa atitude pode ter sobre a personalidade do nosso filho.
- Fazer um esforço para nos colocarmos no lugar do filho.
- Procurar informações sobre a adolescência e as formas de comunicação entre pais e filhos nesta idade.
- Tentar conhecer nosso filho: falar com ele, mas também com seu orientador, seus amigos...
- Procurar situações descontraídas para compartilhá-las com ele.
- Pedir ajuda a um especialista em mediação de conflitos e, inclusive, iniciar uma terapia familiar.

Ao filho de um pai autoritário, recomendamos:

- Que tente diferenciar entre ter medo do seu pai e ter medo da situação de autoritarismo que está se formando.
- Que tenha claro que seu pai gosta de você.
- Que tente compreender a atitude do seu pai. Certamente ele tem "razões" para agir assim, como a educação que recebeu, uma situação estressante no trabalho etc.

24

SÃO SÓ CHAMADAS PERDIDAS

Mais uma vez tirei o celular de Manuel.

– Você já sabe que não pode ficar com o celular ligado na aula.

Ele desligou o aparelho e o entregou, resignado. Passou o resto da aula muito atento, inclusive interveio mais do que o normal. Esta era uma tática, que eu já conhecia, para que eu lhe devolvesse o telefone no final da aula. De propósito, saí apressada, levando comigo o celular. Manuel me seguiu até a sala dos professores.

– Você pode me devolver o celular? – perguntou quando eu já ia fechar a porta.

Como não tinha ninguém na sala, pedi que entrasse.

– Devolverei na segunda-feira – falei com tom sério.

– Mas... não posso passar todo o fim de semana sem ele – protestou.

– É a terceira vez que pego você usando o celular na sala de aula.

– São só chamadas perdidas. Vejo quem ligou e respondo em questão de segundos. E, como deixo o aparelho no silencioso, não incomodo ninguém.

– Mas você está mais atento ao celular do que à aula.

– Eu prestei atenção, fiz perguntas ... – tinha respostas para tudo.

– Sim, mas e nos outros dias? As suas notas baixaram e você já começa a ter problemas em algumas disciplinas.

– O problema não é o celular, é que a 8ª série é mais difícil. Vou estudar para as provas trimestrais e pronto – continuava tendo respostas para tudo.

– Tudo bem, na segunda-feira eu devolvo.

Manuel não estava disposto a ficar um fim de semana sem celular, de forma que exibiu todas as suas artes argumentativas (que em um adolescente são quase infinitas) para me convencer de que seria a última vez, que a partir de agora estudaria como nunca, que eu não tinha o direito de ficar com uma coisa que era dele etc. Ao final, tive uma idéia para dar um jeito na situação.

– Então vou chamar os seus pais para vir buscá-lo.

A reação de Manuel foi imediata.

– Tudo bem, você me devolve na segunda, mas não conta para os meus pais.

Contexto: o celular

Nos últimos anos, temos vivido uma autêntica febre do celular. A era das comunicações colocou o telefone no nosso bolso, e as grandes multinacionais de telefonia nos colocaram nos deles. O telefone celular é um invento moderno por excelência: oferece informação, comunicação e diversão. Graças a ele ganhamos muito tempo, mas também o perdemos. É um invento sério, sem dúvida, capaz de salvar nossa vida, mas que ao mesmo tempo nos permite brincar. Muitos adolescentes passaram dos brinquedos ao celular e, no entanto, não pararam de brincar.

"O importante é poder falar", reza o anúncio de uma das muitas marcas de telefonia celular que inundam o mercado. O gancho do publicitário é inquestionável porque o *slogan* encerra uma grande verdade: as relações humanas se sustentam na comunicação, se esta falha, torna-se impossível conversar, aparecem os problemas na sociedade, na escola, na família. Poder falar é tão importante que devemos nos esforçar para investir todos os meios ao nosso alcance para que a comunicação nunca falhe, especialmente com as pessoas que nos rodeiam.

Como todas as ferramentas de comunicação e informação (a mesma coisa acontece com a televisão e o computador), o valor do celular depende do uso que se faz dele. Há pessoas que precisam ser localizadas sempre, e a invenção do celular fez com que economizassem tempo e dinheiro. Mas outras o utilizam sem mais nem menos. É preocupante o uso que alguns jovens fazem do celular, transformando-o num brinquedo caro. Com a desculpa de estar comunicados, muitos adolescentes e jovens brincam com seus celulares como se fosse um gameboy, envolvem-se com ele, distraem-se com os joguinhos, tiram fotos, enviam mensagens sem nenhuma importância ou simplesmente fazem "chamadas perdidas".

Não é difícil entrever os riscos envolvidos no mau uso ou abuso dos telefones celulares: sem entrar na polêmica de que se provocam ou não danos cerebrais, podem criar dependência, desequilíbrios sensíveis no orçamento mensal e distração no estudo. Mas o pior de tudo é que muitas vezes não facilitam aquilo que prometem, ou seja, a comunicação. Freqüentemente esses aparelhinhos se transformam numa barreira que dificulta a relação entre pais e filhos. Por estar com o celular, pode-se ter a falsa impressão de que estão perto, mas, para que haja verdadeira relação, é preciso estar cara a cara, para que outros elementos essenciais da conversação, como os gestos, os olhares, o contato, em suma, a presença, possam intervir.

"O importante é poder falar". É verdade, mas poder fazê-lo sem intermediários. A relação pessoal não precisa de intermediários, mas somente de olhar cara a cara e dizer o que se tem para dizer. Se já era difícil falar com os filhos, agora, com o celular, os pais podem encontrá-los sempre ocupados.

Prevenir e corrigir

Nós, pais e educadores, não nos queixamos do celular mas do abuso do celular por parte de muitos adolescentes. Nos últimos anos, esse aparelhinho se transformou na maior distração dos estudos, no principal gasto no orçamento de nossos filhos e em uma fonte de problemas de todo tipo: vício, isolamento, consumismo, dependência... Talvez tenha chegado com tal rapidez que não fomos capazes de reagir. O que devemos fazer? Compramos um celular para eles ou não? A partir de que idade podem usá-lo? O que é melhor: pós-pago ou pré-pago? Devemos permitir que o usem à vontade ou tomar medidas restritivas?

Essas perguntas devem ser respondidas oportunamente, mas ficará mais fácil se tivermos formado em nossos filhos alguns critérios, tais como:

• O aproveitamento do tempo. Temos de ensinar nossos filhos a estar naquilo que estão fazendo e a não perder tempo inutilmente. Esse costume será muito valioso na hora de enfrentar o estudo ou qualquer outra tarefa. Devemos deixar claro que, se está resolvendo um problema de matemática, por exemplo, não pode ficar atento à televisão ou ao celular, da mesma maneira que, quando está brincando, não tem de se preocupar com a matemática.

• O uso comedido dos utensílios. Cada instrumento tem sua finalidade e deve ser utilizado de uma maneira determinada. A televisão não é para criar ruído de fundo nem o rádio é para dormir; o computador não deve ser o único brinquedo disponível, nem o videogame o único amigo de nossos filhos. Do mesmo modo, o telefone tem sua função. Logicamente, se nós somos os primeiros a ligar a televisão assim que chegamos em casa, a dormir com o rádio ligado ou se somos incapazes de desligar o celular, não estamos ensinando a utilizar esses instrumentos de forma comedida.

• Austeridade vivida nas pequenas coisas. Temos tantas coisas que corremos o risco de nos coisificar. Devemos ensinar nossos filhos a viver entre as coisas sem se coisificar, nisto consiste a austeridade. O austero nunca se deixa dominar pelo celular, pela televisão, pelo computador..., mas os utiliza proveitosamente.

• O critério próprio. Uma pessoa que tem um critério formado não se deixa levar pelas modas. Na adolescência, é muito difícil estar acima das modas, não ter o celular de última geração, por exemplo;

no entanto, ser capaz de não sucumbir ao ambiente significa um passo importante para a maturidade.

• O lazer rico e enriquecedor. Passar horas mandando mensagens ou fazendo chamadas perdidas, ou jogando com um daqueles joguinhos eletrônicos denota falta de imaginação. Devemos ensinar nossos filhos a brincar e a viver o lazer de uma maneira ativa e enriquecedora.

Provavelmente nosso filho adolescente já tem um celular. Se é assim, dispõe de um avanço tecnológico que lhe permite estar sempre localizável e pode se colocar em contato conosco e com seus amigos desde qualquer lugar, mas, sobretudo, seu celular é um aliado de sua intimidade. Já não tem de ficar vermelho porque todos em casa sabem quem está ligando para ele, nem tem de se esconder para fazer aquela ligação "tão decisiva". Seu celular garante a comunicação e a intimidade, dois aspectos muito importantes para um adolescente. No entanto, esse aparelhinho pode trazer conseqüências nefastas, e por isto devemos ter em conta o seguinte:

• Estabelecer um horário para o uso. Por exemplo, ter uma hora para ligar e desligar, não levar o celular para o colégio etc. Assim se evita o uso compulsivo, muito mais perigoso do que parece. É bom que esse horário seja combinado.

• Responsabilizá-los pelo uso. As possibilidades que os celulares oferecem (e que irão oferecer no futuro) vão muito além das chamadas telefônicas, por isto é importante que façam um uso responsável. De certa forma, trata-se de algo parecido com o que acontece com os carros: quanto mais potência tem o motor, maior é a responsabilidade do motorista.

• A redução das mensagens SMS a 160 caracteres faz com que os usuários não dêem importância à ortografia e reduzam a linguagem à expressão mínima, com o objetivo de dizer o máximo com o mínimo de "palavras". Logicamente, essa prática vai em detrimento da ortografia e da correção gramatical, autênticos pesadelos para muitos adolescentes. O uso dessas mensagens minimalistas vai em detrimento também da riqueza expressiva dos sentimentos que afloram nessa idade. Há que se considerar que a precariedade da expressão favorece que os sentimentos também sejam mais toscos.

• O abuso dos telefones celulares pode criar um autêntico vício nos jogos, logos e melodias. Passar horas com um joguinho ou baixando logos e melodias é um sintoma de que esse pequeno aparelho se apoderou de nosso/a filho/a. A mesma coisa acontece com a obsessão por ter o último modelo (que, além do mais, nunca é o último) ou com o quadro de ansiedade que pode gerar a perda do celular ou uma avaria que o deixe inutilizável.

• Esse pequeno capricho tem um custo, às vezes descomunal. O controle dos gastos pode ser uma forma de controlar seu uso, ainda que nem sempre: os jogos e as chamadas perdidas não são cobrados, por enquanto.

25

SOBE A ADRENALINA

Vitória, uma aluna do Ensino Médio, contou-me o que fazia nos sábados à noite.

– Nós nos reunimos com as motos em uma esplanada ao lado da rodovia e apostamos corridas pela via paralela. A estas horas não passam carros, e a gente pode circular livremente. Há vários momentos culminantes ao longo da noite, que são quando os trens passam. Então organizamos corridas para ver quem ganha do trem. Corremos ao lado do trem e pegamos velocidades alucinantes. Nós, as meninas, vamos na garupa. Os ganhadores de cada corrida competem na final contra o Talgo,* já quase de manhã. Esse momento é espetacular.

– Mas não é perigoso?

– Aí é que está a graça, com o risco, sobe a adrenalina e a gente se diverte. De vez em quando, tem algum acidente, como aconteceu outro dia.

– Como foi?

– Deu nos jornais: a menina morreu e seu namorado está mal. Apareceu um carro quando estavam a 180.

– Não me diga que você estava naquele acidente!

---

* Os trens Talgo ligam as principais cidades espanholas entre si e a outras localidades européias. Alcançam velocidades entre 160 e 200 quilômetros por hora (N. da T.).

– Não, nós não estávamos naquela estrada, mas fomos os únicos que demos as caras, os outros desapareceram com medo da polícia.

– E o que a polícia disse para vocês?

– Nada. Não sabem das corridas.

– E os seus pais? Eles sabem que você arrisca a vida todo fim de semana?

– Também não é assim. Eu só me divirto. Claro que meus pais não iam achar nenhuma graça: se meu pai ficar sabendo o que eu faço nos fins de semana, me mata. Eu contei para você, mas não conta para os meus pais, tá?

Contexto: a velocidade e o risco

Os jovens e adolescentes gostam do risco. Para eles é uma forma de se pôr à prova e de provocar. A velocidade, os saltos no vazio, a direção temerária... são atividades que servem para suscitar novas experiências e, por que não, para contestar a ordem imposta pelos adultos. Um menino ou uma menina que pratica escalada livre de forma imprudente não está desafiando apenas a lei da gravidade, mas também a sociedade que está a ponto de acolhê-lo/a como membro adulto. Esse tipo de comportamento imprudente e arriscado é para os adolescentes a forma de manifestar que já não são crianças e de afirmar uma personalidade própria frente a seus congêneres. Aquele que é capaz de cometer uma loucura, de transgredir a norma, de saltar uma proibição, está se afirmando frente ao mundo adulto e está se unindo àqueles que compartilham as mesmas experiências. Não é de se estranhar, portanto, que esse tipo de atividade seja realizada em grupo e incentivada pelo grupo.

As sociedades primitivas dispunham de um ritual de transição da infância para a vida adulta (ritos de iniciação). Chegado a uma determinada idade, o púbere deveria passar por certas provas, como suportar penalidades ou caçar um animal, para poder entrar na idade adulta. Pouco a pouco, esse tipo de cerimônia foi se perdendo, e a "apresentação à sociedade" ficou socialmente difusa. Claro que existe um momento determinado em que se chega à "maioridade", mas este tem um caráter quase que exclusivamente legal. A adolescência ficou, assim, caracterizada como um período intermediário no qual não se é nem criança nem adulto e, além do mais, esse intervalo se estende para além da maioridade, porque o jovem não tem uma referência clara sobre o momento a partir do qual é incorporado de fato à sociedade. Essa situação indefinida faz com que o adolescente ou jovem não perceba ainda sua responsabilidade social e tenha comportamentos infantis do ponto de vista dos adultos. Um exemplo claro do tipo de conduta que esse estado gera são os vandalismos, entre os quais podem ser incluídas tanto as atividades de risco como aquelas que se limitam à transgressão legal ou moral. O vandalismo, mais do que falta de educação, é um resíduo dos ritos de iniciação à idade adulta. Assim, aqueles que praticam atos de vandalismo são os "maiores", por exemplo, os que nas casas de estudantes impõem trotes aos calouros.

O gosto pelo risco na adolescência é causado fundamentalmente pelo afã de originalidade, busca de sensações diferentes, exploração de novos territórios de liberdade e rebelião contra a autoridade e as normas. Para levar a cabo atividades de risco, o adolescente se refugia no grupo e busca um âmbito de liberdade não controlado pela autoridade. Um dos âmbitos preferidos é a noite. Na noite ele encontra um relaxamento das normas, ruptura com as obrigações, independência, falta de controle e uma encantadora nebulosa que borra os limites do proibido.

Prevenir e corrigir

Quem não arrisca não petisca. Não se trata, por excesso de proteção, de formar pessoas vacilantes e covardes, mas, ao contrário, valentes e decididas, capazes de correr riscos pelas coisas que realmente valem a pena. Somos nós, os pais, que temos de ensinar quando os riscos não são necessários e quando vale a pena arriscar inclusive a vida. Certamente, nós a arriscaríamos pelos filhos.

Para prevenir riscos, devemos ter em conta:

• Não superprotegê-los. Muitas vezes suas aventuras arriscadas são uma forma de responder a uma proteção excessiva: a bolha que criamos ao seu redor pode sufocá-los. O risco pode estar onde menos esperamos.

• Dar oportunidade para que desenvolvam sua rebeldia. A rebeldia na adolescência é como o vapor: tem de sair por algum lugar. Se fecharmos uma saída, buscará outra para emergir, talvez com mais violência; se fecharmos todas, poderá haver uma explosão. Por exemplo, obcecar-nos com uma tatuagem pode provocar uma situação muito mais complicada. Devemos ceder em muitas coisas e dar-lhes espaços de liberdade.

• Evitar frases do tipo "ainda está nos cueiros", "quando você crescer", "você age como criança"... porque podem "provocá-los" a procurar atividades de risco para nos provar o contrário.

• Tratá-los como adultos. Nunca deixarão de ser crianças se os tratarmos como tais. Devemos dar-lhes espaços de responsabilidade, contar com sua opinião, levá-los em consideração na hora de tomar decisões familiares. Numa determinada idade, podem procurar trabalho nas férias, para que tenham um contato real com a vida adulta.

• Explicar o sentido da autoridade e das normas. A autoridade e as leis não são feitas para nos atormentar, para colocar travas e obstáculos, mas para nos proteger e facilitar nossa vida. Podemos dar exemplos simples, como as regras de trânsito: se elas não existissem, seria impossível dirigir.

• Ensiná-los a medir as conseqüências e os riscos de seus atos. Não adianta nada dar uma bronca numa criança de cinco anos que caiu do escorregador. É mais proveitoso fazer com que ela perceba, com calma, por que caiu, que atitude a levou a sofrer esse pequeno acidente.

• Descarregar a adrenalina em atividades controladas. Diz-se que os adolescentes precisam descarregar a adrenalina, e é verdade. Antes que o façam "do seu jeito", é mais positivo que a descarreguem de forma controlada em esportes, passeios e outras atividades lúdicas.

• Estimular seu espírito crítico frente à publicidade. Muitas "loucuras" que os adolescentes fazem são incentivadas pela publicidade, pelo cinema e pela música; por isto, fazer com que percebam a manipulação à qual estão submetidos pode ser um bom antídoto.

• Ensiná-los a não se guiar somente pelas emoções. O risco é uma fonte de emoções. Se estiverem procurando apenas emoções fortes, não terão força de vontade para se negar a realizar este tipo de atividades.

Caso fiquemos sabendo que nosso filho ou filha comete esse tipo de "loucuras", devemos falar com ele ou ela de forma tranqüila, sem nos escandalizar e sem provocar um choque. Alguns critérios que devem ser levados em conta são:

• Avaliar muito bem a situação para não provocar que se "rebelem". Cuidado com os castigos, às vezes são inúteis ou contraproducentes: se lhe tiramos a moto, por exemplo, estamos sem querer favorecendo uma situação mais perigosa: que ande "de carona" na moto de um amigo.

• Fazê-lo pensar sobre o que está fazendo. Geralmente, essas ações se levam a cabo por falta de reflexão. Se fizermos com que reflita de forma serena, sem atropelos nem brigas, perceberá o que está em jogo.

• Mostrar que a liberdade é inseparável da responsabilidade.

• Convencê-lo de que para aproveitar ao máximo não é necessário se colocar em perigo. Pode-se aproveitar com coisas mais cotidianas, que não apresentam nenhum risco.

• Falar com os pais dos seus cúmplices. Nessas situações, a turma é decisiva, por isso, ter contato com as famílias de outros garotos ou garotas pode ser um primeiro passo para enfrentar o problema.

• Desviar sua atenção para outras atividades. Muitas vezes se recorre às atividades perigosas porque "não se tem nada melhor para fazer". Uma turma entediada é uma bomba-relógio: pode explodir a qualquer momento. Devemos propor outras alternativas de lazer.

• Não condenar o risco de forma radical e taxativa. Não queremos formar um santo nem um covarde, mas alguém que saiba quando vale a pena se arriscar e quando isto é somente uma grande bobagem. Correr riscos para salvar uma pessoa é louvável, mas fazê-lo porque todos fazem é pouco inteligente.

• Às vezes, a ação arriscada consiste em não se arriscar, em se opor àquilo que "todos fazem".

26

TENHO A MINHA TRIBO

Toni estava orgulhoso, mostrando seu olho roxo como se fosse uma ferida de guerra. Os outros o cercavam, de boca aberta, enquanto ele explicava com detalhes os pormenores da sua última briga. Esperei que a rodinha se dissipasse para perguntar o que havia acontecido.

– Uma briga com uns negrinhos – limitou-se a dizer.

– Por que brigaram?

Ele contou o que havia acontecido e me explicou que acabara de entrar para um grupo neonazista que nos fins de semana se dedicava a "limpar a cidade".

– "Limpar a cidade"?

– Isto mesmo. Você não percebeu? A cidade está uma merda, cheia de imigrantes. Se não fizermos nada, eles vão acabar com a gente. O governo não liga, e estamos perdendo a identidade. Já não se pode andar tranqüilo na rua. A qualquer momento podemos ser atacados por um mouro ou um latino-americano.

Contou mais coisas sobre sua forma peculiar de ver o mundo e me deixou verdadeiramente preocupada. Tinha sido submetido a uma lavagem cerebral. Quatro idéias básicas regiam sua mente, idéias simplistas e dogmáticas que, na cabeça de um adolescente solitário e frágil como Toni, haviam se instalado com grande força. Ficamos um bom tempo conversando e me dei conta de que aquele menino precisava de ajuda. Depois de avisá-lo sobre os riscos que estava correndo, propus que ele saísse daquele grupo e começasse a andar com seus colegas de turma. Mas ele foi taxativo:

– Já tenho a minha tribo, na qual me sinto importante. Fazemos o que a polícia deveria fazer. Este país ainda vai nos agradecer.

– E os seus pais, o que dizem de tudo isto?

– Eles sabem o que eu penso, mas não falei nada sobre as brigas. Pensam que eu caí. Falei tudo isto porque confio em você e conto com que não comente nada com meus pais, OK?

Contexto: tribos urbanas

Todos nós já ouvimos falar dos *skinheads*, dos *punks*, dos *rockers*, dos *okupas,** dos góticos, dos *rappers*, dos skatistas, dos *makineros,*** dos mauricinhos, dos *grunges*, dos *technos* etc. São as chamadas tribos urbanas, grupos ou bandos mais ou menos organizados adeptos de ideologias radicais. Pertencer a uma dessas tribos significa participar de princípios básicos, de uma mesma forma de pensar e se vestir. Cada grupo compartilha os mesmos ídolos, uma filosofia própria, uma estética muito marcada, uma determinada gíria e um estilo de música bem definido. Esses grupos têm uma organização tribal com uma estrutura hierárquica simples: o líder dominante dirige e protege o grupo. Para entrar numa dessas tribos não se requerem rituais iniciáticos especiais, basta ser irmão, amigo ou namorada de algum dos membros. Logicamente, devem demonstrar que compartilham suas idéias e suas senhas de identidade, o que se manifesta imediatamente na forma de se vestir. Ninguém a não ser um *skinhead* se veste como um *skinhead*, ninguém a não ser um *punk* se veste como um *punk*.

---

* Movimento de jovens que organiza ocupações de prédios em áreas urbanas da Espanha (N. da T.).

** Freqüentadores das casas de música eletrônica, em geral localizadas nas periferias. Quase sempre são jovens oriundos das classes populares (N. da T.).

O ingresso nesses grupos costuma se dar por volta dos 12-14 anos. É quando o adolescente começa a buscar modelos para configurar sua própria identidade e quando está mais disposto a se enturmar. Geralmente, não é ele quem escolhe pertencer ou não a uma tribo determinada; o que acontece é que, de repente, percebe-se imerso nela. De certo modo, pode-se dizer que a tribo o escolhe, e por isto o adolescente, ávido por auto-afirmação, se sente amado, respeitado e protegido.

Sua tribo será agora sua família: nela encontrará ajuda e compreensão, se sentirá admirado, terá novos "irmãos" e um alimento fundamental para seu espírito adolescente: um ideal pelo qual lutar. A tribo também lhe proporcionará alguns parâmetros intelectuais simples e claros que lhe servirão como autênticos "mapas mentais" para solucionar todas as questões que se apresentem. Umas poucas idéias simplistas e tremendamente dogmáticas vão servir para explicar tudo, de questões sociopolíticas a problemas pessoais.

Pertencer a uma tribo urbana fornece uma identidade compartilhada que é muito importante para o adolescente. Transformado num de seus membros, será capaz de qualquer coisa para auto-afirmar seu pertencimento ao grupo, porque para ele a tribo é tudo. Quanto mais radical se mostre no vestir, no falar, na música que ouve etc., mais evidente ficará a que turma pertence: ela estará orgulhosa dele e ele, orgulhoso de si mesmo.

Muitas dessas tribos se alimentam de ideologias radicais muito perigosas: racismo, separatismo, nazismo, patriotismo exagerado, pseudomarxismo... que não somente "fazem a cabeça" dos adolescentes como os induzem a delinqüir. Estar no limite da legalidade e transpô-lo, sempre justificados por uma "boa" causa, embora incompreendida, é um verdadeiro estímulo para os jovens e adolescentes. Se acrescentarmos a isto o fato de que a responsabilidade pessoal de algumas dessas ações fica diluída ao ser realizada em grupo, não nos parecerão estranhas certas notícias que saem nos jornais.

Prevenir e corrigir

Para a maioria dos adolescentes, as tribos urbanas são referências ideológicas. Servem para classificar as pessoas e fazer uma idéia daquilo que elas pensam e do que cabe esperar delas. Pode ser que chamem um colega de *skin* porque raspa a cabeça ou ouve uma determinada música e que outro seja o *hippie* da turma porque gosta dos Beatles e tem cabelo comprido; mas isto não significa que pertençam a alguma tribo. A tarefa preventiva dos pais pode começar com a informação sobre as diferentes tribos urbanas, seus simbolismos e suas idéias de fundo: os *skinhead* são de extrema direita e racistas; seus inimigos, os *punks*, são anarquistas e provocadores; os *rockers*, nostálgicos do rock mais puro; os *heavies,** apolíticos e antimilitaristas; os góticos se sentem atraídos pelo mais além, pelo infernal e pelos cemitérios; os *rappers* são loucos pelo *rap* e pelo grafite; os skatistas vão com sua prancha a todas as partes e defendem uma vida saudável; os *makineros* enchem as discotecas e consomem drogas sintéticas; os mauricinhos e patricinhas pretendem aproveitar a vida com o máximo de luxo; os *grunges* são ateus e seu lema é "viva e deixe viver"; os *technos* são apaixonados por festas delirantes, cujos ingredientes são a música eletrônica e o ecstasy.

A forma de prevenir que nossos filhos sejam absorvidos por uma dessas tribos passa por terem critérios próprios e não se deixarem influenciar. Nós podemos ajudá-los se tivermos em conta alguns indicativos de ação:

- Fortalecer sua auto-estima para que não sejam dependentes. A falta de auto-estima faz com que se deixem levar e procurem a aprovação dos outros.
- Demonstrar afeto. Se não o têm em casa, o buscarão fora.
- Educá-los no respeito às normas.

---

* Tribo surgida na Grã-Bretanha. Adeptos do rock "metal", são apolíticos, antimilitaristas e pacifistas (N. da T.).

• Dar-lhes um critério frente às modas e os modelos.

• Controlar o uso da Internet.

• Ensiná-los a se vestir corretamente. Cada ocasião requer um tipo de roupa determinada. A educação para o vestuário não é uma coisa supérflua.

• Inculcar o respeito a todas as pessoas, seja qual for sua etnia, sua religião, sua forma de pensar...

• Favorecer o lazer enriquecedor. Não nos conformarmos com que nossos filhos não façam coisas ruins, mas procurar fazer com que realizem atividades esportivas, culturais ou lúdicas enriquecedoras.

• Transmitir-lhes ideais e projetos de vida. Se nós não o fizermos, preencherão o vazio com a primeira coisa que lhes pareça um ideal.

• Ensiná-los a escolher amigos de verdade. Os verdadeiros amigos gostam de nós pelo que somos, não pelo que podem conseguir de nós.

• Formar um ambiente familiar baseado no diálogo, no respeito, na tolerância, no pacto, evitando sempre qualquer forma de violência, seja física ou psíquica.

• Estar alerta para as mudanças que observamos neles, em sua forma de vestir, na música que ouvem, nas opiniões que manifestam, nos amigos... com o objetivo de detectar possíveis riscos.

Quase todos os adolescentes se identificam com um ou outro estilo, ou com vários ao mesmo tempo, sem necessidade de integrar-se a uma tribo urbana. No entanto, pode ocorrer que nosso/a filho/a esteja enredado numa delas. O que fazer?

• Em primeiro lugar, não nos escandalizar nem atacar. Nunca devemos falar coisas que possam afastá-lo de nós, pois, se isto acontecer, não poderemos ajudá-lo. Devemos evitar ameaças do tipo: "não quero ver você com esses caras", "ou você corta o cabelo ou não entra mais nesta casa", "não quero mais ouvir essa música" etc.

• Não desqualificar radicalmente o grupo ao qual pertence nem seus companheiros. Se agirmos assim, correremos o risco de que se una mais ao grupo. É melhor ir falando pouco a pouco dos aspectos que não nos parecem corretos.

• Conversar muito com ele ou ela. Refletir com muita paciência, considerando que está com "a cabeça feita". Às vezes, funciona tratar o assunto com um pouco de humor.

• Procurar toda informação possível sobre essa tribo urbana que possa servir para aumentar a aproximação.

• Facilitar leituras, filmes, reportagens... para depois comentá-los juntos.

• Procurar um amigo ou conhecido que tenha pertencido a uma tribo urbana para que o ajude a ver a realidade.

27

ESTOU GRÁVIDA

É a terceira vez nesta semana que Elisa se sente indisposta. Pouco antes de terminar a aula, pediu permissão para sair. Realmente, não estava com boa cara. Encontrei-a no corredor, quando voltava do banheiro.

– O que é que você tem Elisa?

– Tive vontade de vomitar.

Olhei-a nos olhos avermelhados e, antes que eu pudesse dizer qualquer coisa, pediu:

– Podemos conversar?

– Claro!

Entramos na biblioteca, que naquele momento estava vazia, e Elisa começou a chorar:

– Estou grávida. Fiz o teste e deu positivo. Não sei o que fazer.

– O que é que o Eugênio acha? – estavam juntos há vários meses.

– É uma besta. Disse para eu abortar. Ele põe a culpa em mim: pensa que são as mulheres que têm de tomar a pílula. Disse que, se eu aparecer com barriga, não quer nem saber, que eu que não estrague a vida dele. O que você acha? Muito machão, né? E eu?

– Por que não conta para os seus pais?

– Nem pensar! Se ficarem sabendo, vão me matar. Não conta para os meus pais, por favor.

Conversamos durante um bom tempo. Estava muito confusa, num momento parecia decidida a abortar, em seguida falava com ternura do filho que sentia dentro de si. Convenci Elisa de que deveríamos chamar seus pais e contar-lhes tudo.

Na semana seguinte, Elisa faltou à aula. Quando voltou, notei que seu olhar já não era o de uma menina de 16 anos: guardava, oculto, um lampejo de tristeza.

Contexto: a gravidez na adolescência

Nunca os jovens tiveram tanta informação sexual e tanto acesso aos meios contraceptivos como agora; no entanto, a gravidez na adolescência, longe de diminuir, não pára de aumentar. Os defensores de uma prevenção centrada exclusivamente na contracepção argumentam que o aumento das gestações precoces deve-se a que os jovens e adolescentes não utilizam, ou o fazem incorretamente, os meios profiláticos ao seu alcance. Por outro lado, os defensores de uma prevenção integral o relacionam com um crescimento da promiscuidade.

O grande erro da educação sexual que temos dado a nossos jovens nos últimos anos é que esta tem sido deliberadamente parcial, centrada exclusivamente nos aspectos de funcionamento e uso, o que motiva mais à promiscuidade do que à responsabilidade. Mas se há alguma coisa que a educação não pode ser é parcial, menos ainda quando o que se pretende despertar é o senso de responsabilidade. Esta tem que ver com a totalidade dos meus atos: sou responsável até o final, não até aqui ou ali. Por outro lado, as "soluções fáceis", como o aborto ou a pílula do dia seguinte, à margem de considerações morais, servem para adormecer a atuação responsável dos jovens. A chamada "sexualidade responsável" se tornou uma sexualidade sem responsabilidades. Hoje, mais do que nunca, nossos filhos entram na vida a toda velocidade, porque nós aplanamos de tal maneira o caminho para eles que a única coisa que têm de fazer é pisar fundo no acelerador; além disso, sabem que, se fizerem besteira, alguém (seus pais ou a própria sociedade) os tirará do apuro.

Por mais que se tente e por mais meios técnicos que sejam utilizados, não se pode simplesmente separar a sexualidade da vida. São realidades unidas pela natureza, que, por mais que se empenhe, o homem não pode separar. A utopia do "mundo feliz" de Aldous Huxley, onde os membros eram fabricados em laboratório e o sexo era apenas uma brincadeira, é macabramente inumana. A sexualidade é muito mais do que um meio de reprodução; no entanto, perde sua grandeza quando é desligada totalmente da vida.

Prevenir e corrigir

Pode-se fazer sexo, como se diz, mas a sexualidade propriamente dita se vive. Temos de ensinar nossos filhos a viver a sexualidade, a integrá-la em seu projeto de vida. Somente desta maneira serão sexualmente livres e responsáveis:

• Transmitir-lhes valores. Trata-se de fazer com que nossos filhos não pensem somente neles mesmos, em seu próprio bem-estar, na consecução de um prazer egoísta, mas que sejam altruístas e generosos, que saibam respeitar a si mesmos e aos outros. Esses valores agirão como um apoio para não sucumbir ao egoísmo.

• Ajudá-los a ter um projeto de vida e integrar nele sua sexualidade. Alguns pais crêem que sua tarefa educativa acaba quando chega a adolescência, momento em que só podemos "agüentar o toró" do jeito que der até que o temporal passe. Esse truncamento do projeto educativo em uma idade tão decisiva faz com que a sexualidade, que irrompe justamente nesse momento, fique desligada da vida do adolescente. Ao eludir a responsabilidade educativa nesse tema tão importante, esses pais deixam seus filhos sozinhos frente a uma nova experiência muito íntima que irrompe de repente em sua vida. Não devemos nos esquecer de que a tarefa educativa dos pais não acaba nunca.

• Incentivar um lazer enriquecedor. Já dissemos várias vezes: o ócio, entendido como forma de preencher a ociosidade, é responsável por muitos dos problemas que afetam nossos filhos. Ajudá-los a preencher seu ócio com atividades culturais, lúdicas, sadias e divertidas é uma forma de evitar muitos problemas.

• Educá-los no amor. Dentro das regras da arte de amar está saber esperar. Ir demasiadamente depressa é signo de paixão, não de amor. Perder a cabeça por um menino ou por uma menina é muito romântico, mas pode levá-los a perder justamente quem amam.

• Orientá-los para que conjuguem liberdade com responsabilidade. Não se trata de fazer aquilo que alguns pais fazem: para o menino, dizem "Faça o que quiser, mas não se meta em encrenca"; e para a menina, "Faça o quiser, mas não me apareça com barriga". Nem a liberdade é fazer o que se quer nem responsabilidade é não poder fazer.

• Ensiná-los a ser responsáveis. A responsabilidade se aprende exercendo. Se desde pequenos os acostumamos a dar satisfação do que fazem, a responder pelas tarefas que lhes damos, a cumprir suas obrigações etc., estamos plantando a semente da responsabilidade.

• Ajudá-los a não cair no "faço porque todos fazem" e incentivar neles a autonomia e o critério próprio.

• Ter em conta que a prevenção não é apenas "coisa de meninas", mas que há uma responsabilidade compartilhada. Devemos educar do mesmo modo nossos filhos homens e nossas filhas mulheres. Uma gravidez é coisa de dois.

• Falar sobre a castidade como método anticonceptivo alternativo. Há movimentos pró-castidade que incentivam os jovens a se manter virgens até o momento do casamento, compartilhando, porém, muitas outras coisas com seus pares.

Frente à gravidez de uma filha adolescente ou da namorada de nosso filho adolescente, devemos:

• Antes de qualquer coisa, manter a calma e não dramatizar a situação. Ele ou ela deve ter em nós seus melhores aliados.

• Dar-lhe muito carinho e compreensão. Não se trata de culpabilizá-la, porque talvez a "culpa" a tenhamos nós.

• Não pensar em nós, mas nele ou nela. Aqui está em jogo a vida de nosso/a filho/a e a do ser que foi concebido.

• Distinguir entre gravidez não desejada e filho não desejado. Muitas vezes, uma adolescente grávida, ainda que nossa madura frieza nos impeça de ver assim, começa a gostar do seu filho. O que acontece é que ela, em geral, está muito confusa e acaba cedendo à pressão dos pais ou do namorado para abortar. Pessoas que tiveram contato com adolescentes nessa situação relatam que muitas delas ficam marcadas pelo resto da vida por ter abortado.

• Ajudar nossa filha a tomar um decisão, não impô-la. Isto supõe tempo para pensar (coisa que não costuma haver quando se "decide" abortar) e ter em conta outras alternativas, como a adoção.

28

MEU PAI QUER QUE EU SEJA MÉDICO

Surpreendeu-me que, em sua inscrição para o processo seletivo, Marcos tivesse escolhido como opção a área de Biomédicas. Ele ia muito bem em Letras e adorava História. Também tinha me dito várias vezes que odiava Matemática e Ciências Naturais, embora isto não fosse desculpa para deixar de tirar ótimas notas, pois era um garoto inteligente e aplicado.

Quando o chamei para comentar o assunto, mostrei-lhe sua inscrição e perguntei diretamente:

– Foi você quem preencheu?

Olhou o papel por um instante e respondeu.

– Fui eu, sim.

– Mas você não queria fazer História?

– Mudei de idéia. Percebi que, se fizesse História, não iria a lugar nenhum, morreria de fome. Por outro lado, se for médico, terei futuro, e sempre poderei ter a História como *hobby*.

Conhecendo-o como conheço, aquela resposta não era de Marcos: estava repetindo argumentos que alguém havia dado para ele. No entanto, eu os tomei como seus.

– Eu acho muito bom que você estude Medicina, Marcos, mas você sempre disse que não gostava de Ciências e que queria ser historiador. Por que você mudou de idéia?

Marcos foi sincero:

– Fui com a inscrição à casa do meu pai... bom, pode-se dizer que foi ele quem a preencheu. Eu disse que queria fazer Letras, e ele começou a rir. Falou que Letras é para os bobos, que não dá futuro profissional, e que, se quero ganhar bem a vida, tenho de estudar alguma coisa que se aproveite.

– E o que você disse?

– Nada. Se eu não fizer Medicina, vou provocar uma tragédia familiar. Meu pai quer que eu seja médico como ele, o pai dele e o pai do pai dele. Somos uma saga de médicos, ele já falou isso mil vezes, meu tio é médico, e meu primo está se preparando para fazer a residência. Eu gosto mais de História e Literatura... Não sei se poderei chegar a ser um bom médico, mas não quero virar a ovelha negra da família. Então, aqui está a minha inscrição – disse, enquanto me devolvia, resignado, o papel.

– Não seria melhor que você falasse com o seu pai ou com a sua mãe e que..?

Marcos nem me deixou terminar.

– Não! Prometa que não vai contar para os meus pais.

Contexto: orientação acadêmica e profissional

Todos os pais querem que seus filhos sejam parecidos com eles. Quando nascem, nos enchem de satisfação porque nos transformaram em pais; depois, porque são parecidos conosco em alguma coisa, mesmo que remotamente; mais tarde, porque começamos a nos projetar neles: "será jogador de futebol", "fará balé", "tocará violão", "estudará Direito"... Mas muitas vezes não nos damos conta de uma coisa tão elementar como o fato de que nossos filhos são pessoas, e os tratamos como "objetos" dos quais podemos usufruir. "Aproveite os filhos agora que você pode" é uma recomendação bastante comum dos pais veteranos, como se os filhos fossem apenas propiciadores de mais uma experiência em nossas vidas. Não, não se trata de aproveitar os filhos (embora, sem dúvida, se deva aproveitar *com* eles), mas de educá-los.

A educação é um dever dos pais, mas é também uma tarefa

apaixonante. Pode-se dizer que é a forma natural de gostar dos filhos. Educar (do latim *educare*) tem dois significados: *fazer sair* e *conduzir*. Nossa tarefa como pais terá, portanto, uma dupla finalidade: procurar fazer com que nossos filhos se desenvolvam como pessoas e conduzi-los até sua plenitude. Ambas ações requerem uma certa arte, temperada, entre outras coisas, com dedicação, alegria, senso de humor e muito, muito carinho. Para que nossos filhos possam se realizar como pessoas, a arte de educar deve encontrar o justo meio-termo, sem deixá-los à deriva nem arrastá-los para onde nós queremos que eles sigam. A liberdade, que também tem seus limites, deve estar presente em todo o processo e no final de cada tarefa, porque se trata de educar na liberdade e para a liberdade.

Ou seja, quem educa faz mais livre aquele a quem educa. No entanto, não são todos os pais que conseguem isto. No duplo significado de educar, podem ocorrer dois extremos por excesso e dois extremos por falta. Assim, com respeito ao primeiro significado (*fazer sair*), os pais *superprotetores* são aqueles que não "deixam sair" o ser humano que há em cada filho, enquanto os pais *desertores* o deixam sair sem maiores preocupações. Com respeito ao segundo significado (*conduzir*), os pais *permissivos* negam-se a guiar os filhos já nos primeiros passos; por outro lado, os pais *autoritários* os arrastam sem que percebam. No meio-termo entre esses quatro tipos encontram-se os pais educadores, os que "fazem sair" e realmente "conduzem" seus filhos em direção à sua própria realização.

Prevenir e corrigir

Chega um momento em que nossos filhos têm de decidir sobre o seu futuro profissional. O curso que escolherem será fundamental para o resto de suas vidas. Por isto, temos de levar muito a sério sua orientação profissional. Mas orientar não é tarefa fácil, porque não se trata de decidir por eles, mas de facilitar-lhes uma boa escolha. Para isto, devemos informar, mas também formá-los; devemos conhecer, mas também conhecê-los; devemos opinar, mas também ouvir. O que não podemos fazer é deixar a orientação profissional para quando chegue o momento de decidir "o que eu vou fazer da vida", porque então já não haverá tempo. O "o que você vai ser quando crescer" deve ser um tema de diálogo freqüente na adolescência, que servirá para conhecermos nossos filhos e para ir exercendo nossa função de orientadores. Para isto, devemos ter em conta muitos fatores: sua capacidade, seus interesses, sua personalidade, as dificuldades objetivas nos estudos, as possibilidades reais de realizá-los (lugares, custos, bolsas), o futuro profissional etc.

Orientar é dar um norte. Para isto, devemos desfazer alguns tópicos que nos impedem de levar a cabo nossa tarefa orientadora. Esses tópicos são:

• "Escolher uma carreira com futuro". Esta parece ser a premissa de toda boa orientação; no entanto, é preciso dizer que não existem profissões com futuro, mas pessoas com futuro. Escolher determinados cursos porque estão na moda, porque abrem mais possibilidades, porque poucos os cursam, enfim, porque têm futuro, é uma boa razão se a pessoa em questão tem a capacidade, mostra interesse e se esforça como é exigido. É melhor ser bom em uma profissão do que ter uma boa profissão.

• "Profissões fáceis e difíceis". Esse ponto é ainda mais enganoso. Primeiro porque a dificuldade depende de muitas circunstâncias, como as diferentes aptidões, e, segundo, porque não se deve pensar apenas na profissão, mas sobretudo na vida profissional posterior.

• "A pessoa pode fazer aquilo a que se propõe". Poderíamos acrescentar: supondo que tenha capacidade suficiente. Por isto, é muito bom conhecer a capacidade real de nossos filhos. Às vezes, vale a pena ter uma visão objetiva, e os testes de inteligência geral e específica estão aí para isto. Embora a força de vontade seja muito importante em determinados estudos, as aptidões intelectuais podem ser decisivas.

• "É tão inteligente que pode estudar o que quiser". Cuidado! Está provado que a partir da adolescência, na hora de equilibrar aptidões e trabalho, a balança se inclina (dentro de uma margem) para o segundo. Supondo-se uma capacidade suficiente, o papel dos hábitos e técnicas de estudo, a capacidade de sacrifício, a boa organização, a motivação e o interesse passam para o primeiro plano.

• "Ele tem de ser médico como o pai". Talvez o erro mais grave na orientação profissional seja utilizar esse argumento. Pode ser que a profissão seja uma "inclinação genética", mas não devemos nos esquecer de que é o jovem quem escolhe, não nós. Se submetermos nosso/a filho/a a nossas preferências, acabará não sabendo nem sequer se existem outras possibilidades. Se o pai ou a mãe é médico, advogado, engenheiro ou fiscal, certamente não se terá que falar muito dessas profissões, porque são um referente contínuo.

• "Que estude o que quiser". Escolha sem deliberação. Relaxamento do nosso compromisso de orientar. Fará o curso que quiser, obviamente, mas é preciso ajudá-lo a descobrir o que quer. Muitas vezes confundimos orientação com intromissão, e liberdade com improvisação. Os pais e educadores não podem tomar decisões pelos jovens, mas podem ajudá-los a tomá-las.

Temos de ensinar nossos filhos a superar os problemas causados pela pretensão. Neste assunto eles são mais prudentes do que podemos imaginar e tendem a diminuir o grau de exigência (não em todos os casos, é claro). A escolha de uma profissão costuma ser o primeiro exercício real de liberdade, no qual entra em jogo a responsabilidade sobre seu futuro, o que gera no adolescente um "medo da liberdade", cujo saldo é entregar a decisão nas mãos dos pais, dos colegas ou do ambiente. Temos de considerar que toda escolha supõe um risco e que educar é também uma tarefa arriscada. Isto significa que caberá a nós realizar o esforço para elevar seus objetivos e ajudá-los a enxergar um pouco mais longe.

29

ESTOU ESGOTADO

Tomás está na 7ª série. É um aluno responsável e aplicado, mas na segunda avaliação reprovou em Matemática. Comentei com o professor. Segundo ele, Tomás prestava atenção nas aulas e fazia todas as atividades, embora nem sempre conseguisse realizá-las bem. Tinha dificuldades para entender os sistemas de equações; segundo o professor, seria bom que ele tivesse uma ajuda extra.

Falei com Tomás e fiz a proposta. Deu um suspiro. Mostroume sua agenda e exclamou:

– Estou esgotado! Ao meio-dia, repasso a lição de inglês, à tarde, vou à aula de música e depois tenho treino; nos dias em que não tenho música, estou matriculado no judô: à noite, faço os deveres de casa. Nos fins de semana, tenho competição. Outro dia, combinei de ir ao cinema, mas não pude ir porque tinha jogo. Não tenho tempo para nada.

Percebi que o problema com a Matemática era secundário ou, em todo caso, conseqüência de um estado de estresse causado pelo excesso de atividades extracurriculares que Tomás realizava.

– Talvez seja o caso de largar alguma atividade... – falei.

– Impossível – respondeu. Meus pais estão empenhados em que eu faça coisas. Desde pequeno estou assim: fiz natação, cerâmica, Francês, técnicas de pintura e sei lá quantas coisas mais. Eles chegam tarde do trabalho e não podem cuidar de mim. Agora, sou o último a chegar em casa.

– Você não conversou com seus pais?

– Insinuei alguma coisa, mas eles acham que é bom eu estar ocupado, pois assim aprendo muitas coisas que não ensinam no colégio. Não quero desistir de nenhuma atividade . Não quero que meus pais pensem que eu sou um preguiçoso. Às vezes, penso que, se deixasse de treinar, por exemplo, teria mais tempo para estudar, mas, por outro lado, eu ficaria mal comigo mesmo por não estar me esforçando o bastante.

– Acho que você deveria rever suas atividades extracurriculares, talvez fosse conveniente desistir de alguma...

Tomás não me deixou terminar.

– Não precisa se preocupar, vou ficar em dia com a Matemática. Se desistir de alguma coisa, meus pais vão pensar que não estou fazendo o suficiente e... terão razão. Então, não conta para os meus pais.

Contexto: o tempo livre

O ativismo enlouquecedor tornou-se um estilo de vida para muitas pessoas. Estar continuamente ocupado, ter sempre coisas para fazer, trabalhar até o limite, não ter uma folga na agenda, não ter tempo, não poder encontrar um momento para si mesmo são vistos como sinais de sucesso de pessoas ativas. Estar ativos (note-se que não estamos falando de ser ativos) transformou-se num estilo de vida. Esse ativismo é incentivado por uma sociedade que estimula a atividade incessante, que favorece a mudança constante e cobra o trabalho exigente, que premia os ativos e castiga os passivos, na qual tudo gira numa velocidade vertiniginosa e quem não acompanha a aceleração do torvelinho é engolido. O resultado disto é uma sociedade estressada.

O estresse não é só uma doença de adultos; cada vez mais crianças e adolescentes são afetados. Há agendas escolares que mais parecem as de altos executivos: totalmente cheias. Muitos pais saturam seus filhos de atividades, com o objetivo de que tenham o tempo ocupado, sem se dar conta de que os estão esgotando com um ativismo por vezes absurdo. Empenham-se em fazer com que realizem atividades, que não percam tempo e aproveitem agora, enquanto podem. Não querem que desperdicem a oportunidade de aprender, quanto mais, melhor. "É questão de ser exigentes agora que são pequenos" – dizem – "e quando crescerem vão nos agradecer. Por acaso teria havido Mozart sem o empenho de Leopoldo, seu pai?"

Provavelmente, não. No entanto, é bom que as crianças brinquem. Nas brincadeiras se desenvolvem muitas habilidades intelectuais, pessoais e sociais. Aprende-se a compartilhar e a competir, a se superar, a arriscar. Esses pais que enchem seus filhos de atividades proveitosas estão desaproveitando a ocasião de aprenderem brincando e se divertirem aprendendo. O ativismo pode esgotar nossos filhos adolescentes ao ponto de levá-los a cair em depressão.

Talvez devêssemos rever o conceito de ócio. Há pais que o confundem com ociosidade, ou seja, com não fazer nada, e por isso sobrecarregam seus filhos com ativismo extracurricular, pois não querem que eles sejam presas da inércia. No entanto, é preciso dizer que o ócio não é ociosidade, mas uma oportunidade para aprender de forma divertida, para realizar atividades lúdicas, esportivas, culturais, para refletir. O ócio é tempo para nós, tempo para "perder" com a finalidade de ganhar em saúde mental ou em enriquecimento pessoal. Aquele que não tem ócio, que sempre está a reboque dos negócios da vida, vive, sim, mas não percebe que está vivendo.

Prevenir e corrigir

O tempo livre dá uma oportunidade de ouro para conviver com nossos filhos. Mas freqüentemente não a aproveitamos porque não sabemos viver o ócio. Algumas vezes por excesso de ativismo, outras por falta de planejamento do horário familiar, esse tempo valioso nos foge das mãos. Vale a pena rever essas horas diárias ou semanais, esses momento de descanso em que nos encontramos com nossos filhos de uma forma diferente daquela imposta pela rotina. Vale a pena levar a sério o ócio porque esse tempo, sim, vale ouro.

Na hora de programar o tempo livre de nossos filhos, devemos ter em conta:

• Que os filhos estejam ocupados, mas não sobrecarregá-los. Temos de procurar fazer com que tenham tempo livre para eles.

• Diversificar as atividades. Há atividades de distração, de evasão, de entretenimento e de formação. O ócio não deve servir somente para "encher cabeças", mas para consolidar o equilíbrio afetivo, desenvolver a criatividade e potencializar a dimensão social.

• Ter em conta que o ócio mal utilizado é um elemento de deterioração pessoal. A forma de viver o tempo que não é livre vai depender de como a pessoa vive seu tempo livre.

• O resultado final do tempo livre tem de ser positivo, deve ser divertido, caso contrário, certamente estamos fazendo alguma coisa errada. O ócio deve ser uma fonte de satisfações, não de frustrações.

• Devemos incentivar todas as atividades que ajudem a alcançar maior maturidade pessoal: esporte, leitura, servir os outros, trabalho... Devemos autorizar as atividades construtivas e que não impliquem perigo moral e/ou físico. E devemos proibir as que podem causar danos morais e ou físicos ou influir de forma negativa nos valores que queremos viver em nossa família.

• Exigir que façam bem tudo aquilo que decidem fazer: que terminem o que começaram e que sejam constantes. Devemos levar a sério as atividades extracurriculares que escolhemos ou que escolham, e não colocá-las em segundo plano. Não se trata de fazer coisas por fazer. Se não há uma boa razão para levar uma coisa a cabo, é melhor "perder" tempo.

• Não nos empenhar em que todos os nossos filhos façam as mesmas atividades. Não nos guiar pelo que nos convém, pelo preço ou proximidade, mas pelo que realmente vai enriquecê-los. Levar as crianças para o caratê porque a vizinha pode dar carona não é de nenhuma forma um critério sério.

• Só os entediados se aborrecem. Organizar escrupulosamente o ócio de nossos filhos pode torná-los entediados, porque não estamos dando a eles a oportunidade para ser protagonistas de seu tempo livre.

No caso de que nosso filho esteja esgotado como Tomás, devemos:

• Estudar um plano alternativo, mais realista e adequado às circunstâncias.
• Ter em conta a opinião dos professores ou orientadores sobre as atividades que convêm ou não ao nosso/a filho/a.
• Analisar se não estamos sendo demasiadamente exigentes e perfeccionistas.
• Pode acontecer que nosso/a filho/a não queira desistir das atividades que o sufocam porque entrou no círculo do ativismo e teme nos decepcionar. Isto é um indicativo de que perdeu a confiança e de que deveríamos rever nossa forma de tratá-lo. Temos de fazer com que perceba que gostamos dele pelo que é, não pelo que faz.

30

DINHEIRO FALSO

Convidei Francisco para tomar um café. Sentamos numa mesinha no fundo do bar, onde as confidências são abafadas pelo ruído do ambiente. É um rapaz do 3º ano do Ensino Médio que está prestes a completar 18 anos.

– Eu pago – falou, enquanto colocava uma nota de 20 euros dobrada em cima da mesa.

– Nem pense nisto! –respondi.

Mas Francisco me lançou um sorriso de cumplicidade que, de início, não entendi. Ele então fez sinal para que eu olhasse para o dinheiro em cima da mesa. Peguei a nota e a desdobrei.

– Que é que tem? – perguntei.

– Você não percebe nada de diferente?

Olhei a nota detidamente e, então, me dei conta de que era falsa.

Francisco explicou que escaneava uma nota e tirava cópias com a impressora. Tinha encontrado um papel bem parecido com o papel moeda e o resultado "quase dava para enganar".

– Dou para o garçom quando o bar está lotado, e ele cai. Não só a consumação sai de graça como você ainda ganha o troco.

Eu não podia acreditar no que estava ouvindo. Aquele menino era um estelionatário!

– Mas você não faz isto, né?

O sorriso de Francisco agora parecia artificial, mas respondia afirmativamente à minha pergunta. Fiquei olhando para ele esperando uma explicação.

– Levei uma multa e não quero que meus pais saibam. Então tenho de arranjar dinheiro de qualquer jeito. É só "passar" algumas notas e tudo bem.

– Como que "tudo bem"!? Você não percebe que está cometendo um delito? – eu não podia deixar de denunciar o seu ato.

– Não sou um estelionatário. Faço isto somente para sair do apuro. Assim que pagar a multa, esquecerei o assunto.

Ficamos um bom tempo naquela mesinha do fundo do bar onde as confidências se afogam no ruído de fundo. Convenci Francisco a rasgar as notas falsas e o ajudei a pagar a multa. Em nenhum momento quis pedir ajuda para os pais:

– Não conta para os meus pais, por favor – disse, enquanto nos levantávamos.

Contexto: a consciência

A consciência é a bússola que guia nossas ações. Se os ponteiros da bússola se movimentam ao acaso, dificilmente poderemos nos orientar: ficaremos à deriva. E o que acontece se ficarmos à deriva? Corremos o risco de naufragar como pessoas, de nos desorientar totalmente, de confundir o bem com o conveniente, o prazeroso ou o útil, de perder o norte, referência que necessitamos para nossa viagem. Aparentemente, nossa vida será "normal", talvez ela não seja, porém, uma vida plenamente humana, mas a de uma marionete controlada pelos fios do acaso.

A mesma coisa que acontece com Pinóquio acontece conosco. A fada madrinha, atendendo às súplicas do velho Gepetto, faz com que seu boneco de madeira ganhe vida. No entanto, somente deixará de ser uma marionete quando tiver critério próprio, só então se transformará numa pessoa de carne e osso. Para que Pinóquio consiga isto, a fada lhe dá um ajudante: o Grilo Falante, um pequeno inseto que atuará como sua consciência.

Como fica claro no conto de Carlo Collodi, a consciência é como um pequeno inseto cuja picada, ainda que possa incomodar, não é mortal. Essa "débil vozinha interior" é fácil de calar; basta aumentar o volume de fora. É isto que fazemos muitas vezes: não ouvimos a voz de nossa consciência devido ao ruído do ambiente. Essa surdez anestesia nosso senso ético, impede de distinguir o bem do mal e nos faz viver em um perigoso relaxamento moral. Parece que tudo é permitido, que estamos acima do bem e do mal, já não se ouve o Grilo Falante, mas Pinóquio continua sendo uma marionete que acredita controlar seus fios, ainda que não saiba por que seu nariz está crescendo.

Isto significa que, ao pôr o Grilo Falante para fora de casa, o ser humano perde a capacidade de ser o que é, de agir eticamente. Por isto, é muito importante cuidar do pequeno inseto, que no fundo somos nós mesmos. Se nos esquecermos dele, se não o alimentarmos, se o expulsarmos a pontapés, poderemos ser ricos, famosos ou poderosos, mas nossa qualidade humana será do tamanho de um inseto.

A consciência moral também tem de ser educada. A família e a escola (sobretudo a família) são os espaços adequados para fazê-lo. Neste assunto, a responsabilidade recai diretamente sobre os pais, primeiros educadores; a escola e outras instituições com finalidade formativa podem colaborar mas ou menos, mas nunca substituir os pais. Eles serão os encarregados de ensinar aos filhos o que é certo e o que é errado, os que vão passar a eles os critérios éticos básicos, os que viverão os valores morais e os ajudarão a tomar suas primeiras decisões. Neste ponto, não se pode ficar à margem: tudo aquilo que não educa, deseduca.

Prevenir e corrigir

A educação não pode ser neutra. Pretender educar sem transmitir valores e critérios é impossível, porque a educação consiste justamente nisto. Da mesma forma que damos a nossos filhos os alimentos que nos parecem mais adequados, transmitimos a eles os valores sob os quais vivemos: assim vamos formando naturalmente sua consciência. No entanto, às vezes o exercício dessa responsabilidade nos provoca peso na consciência porque pensamos que estamos coibindo sua liberdade. Não obstante, o que realmente estamos fazendo é cimentá-la para que possam vir a exercê-la. Uma pessoa livre não é um sem-rumo, mas um navegante que dispõe de uma bússola para chegar ao porto.

Não podemos deixar nossos filhos ao capricho dos ventos, temos de dar-lhes uma bússola e ensiná-los a utilizá-la. Uma vez em seu barco, talvez a guardem no bolso e não lhe dêem atenção, mas sempre poderão pegá-la. De outra forma, se embarcarem sem bússola, nunca poderão se orientar.

Não se trata de fabricar robôs, mas pessoas com critério, como aquele boneco, o joão-bobo, cujo peso na base o impede de cair, independentemente dos golpes que receba. De modo similar, se formarmos bem a base, se a embasarmos com valores de peso, nossos filhos, apesar das vicissitudes da vida, poderão sempre recuperar a posição. Assim como ninguém pode derrubar um joão-bobo, ninguém poderá manipular nossos filhos. Nós os veremos balançar de lá para cá (sobretudo na adolescência), mas, graças à base que formamos, a longo prazo, acabarão em pé. Essa é a experiência de muitos pais, que viram seus filhos sair à tona graças ao peso de suas convicções, mesmo que isto pareça uma contradição. Somos como árvores: crescemos proporcionalmente à profundidade das raízes.

Por tudo isto, para formar a consciência dos nossos filhos, devemos:

- Não improvisar. Temos de ter um projeto educativo para os nossos filhos. Temos de conversar muito sobre isto para chegar a definir o tipo de pessoas que queremos formar.
- O pai e a mãe devem seguir na mesma direção. Se um diz uma coisa e o outro, outra, os filhos ficarão com o que mais lhes convém. Mesmo em caso de separação, seria bom manter o contato para con-

versar sobre os filhos e levar a cabo o projeto educativo inicial. Lembremos que, embora se possa ser ex-marido ou ex-mulher, nunca se é ex-pai ou ex-mãe.

• Transmitir-lhes os valores e critérios morais que tenhamos. Sim, os nossos, porque não podemos transmitir outros.

• Ajudar a interiorizar esses valores. Os valores ou se vivem ou não servem para nada. Por isto, temos de vivê-los nós também. Por exemplo, não serei capaz de transmitir a meu filho o valor da amizade se eu não o vivo, não tenho amigos, se não o cultivo.

• Devemos estar convencidos daquilo que dizemos e do que queremos transmitir, do contrário o projeto irá por água abaixo. Os valores transparecem.

• Manter coerência entre o que dizemos e o que fazemos. Não podemos contagiar-lhes com o valor da sinceridade se nós não somos sinceros, se quando recebemos uma ligação comprometedora salvamos a situação com um "Diga que não estou". Neste caso, aliás, o exemplo é bastante eloqüente.

• Escolher uma escola de acordo com nossos valores. A escola deve ser uma continuação da tarefa formativa levada a cabo pela família. Do mesmo modo, temos de procurar fazer com que os ambientes que nossos filhos freqüentem estejam de acordo com nosso projeto educativo.

• Dar-lhes razões. O bebê necessita de atenções, a criança de limitações, o adolescente de razões. As limitações que impusermos aos nossos filhos adolescentes deverão ser justificadas por razões, caso contrário serão tomadas como arbitrariedades ou caprichos dos pais. Isso não quer dizer que eles aceitarão nossas razões logo de cara. A luta dialética nessa idade parece não ter fim, mas devemos ter em conta que eles não querem pais permissivos, mas sim pais que, equivocados ou não, tenham critérios claros. Deveríamos aprender com os pais do filósofo Karl Jaspers, que, se referindo à forma como o educaram, disse: "Quando eu não queria fazer alguma coisa, não me respondiam com uma ordem, mas com uma explicação de por que era razoável fazer o que diziam".

Por mais que tenhamos formado a base, o joão-bobo vai balançar muito, inclusive chegará a tocar o chão. Nestes casos, devemos falar com calma e delicadeza, mas com firmeza também, e avaliar com nosso/a filho/a se houve falta de reflexão (os adolescentes costumam ser espontâneos: primeiro fazem e depois pensam) ou se se deixou levar pelos sentimentos, pelo ambiente, pelas circunstâncias. Portanto, fazê-lo refletir e ajudá-lo a lançar mão dos valores que transmitimos pode ser uma forma de corrigir sua ação.

30 + 1

ESTOU NAMORANDO UM RAPAZ NEGRO

Encontrei Cristina no sábado à tarde. Estava com um rapaz negro. Ficou bastante sem graça ao me ver, mas, depois que me apresentou o rapaz e conversamos um pouco, notei que se tranqüilizou. Na despedida, dirigiu-me um sorriso de agradecimento.

Na segunda-feira, veio falar comigo.

– O que você achou? – perguntou.

– Um rapaz muito legal, mas um pouco tímido.

– É, ele é mesmo muito reservado. Mas eu me refiro ao fato de ele ser negro.

– Cristina – falei –, você tem 18 anos e já sabe o que faz. Imagino que não está com ele por causa da cor da pele, mas porque gosta dele.

– Claro, mas as outras pessoas... Eu percebo os comentários que fazem quando nos vêem juntos. Até minhas próprias colegas não conseguem esconder um certo mal-estar.

– Nossa sociedade não está acostumada a ver uma moça branca com um rapaz negro. Você deve esperar essa reação. Mas, se você realmente gosta desse rapaz, não deve se importar com o que os outros vão dizer. Você não está fazendo nada de mal, embora não seja comum. Certamente seus amigos e sua família vão compreender.

Cristina ficou calada. Seu silêncio delatou que alguma coisa não ia bem, por isto lhe perguntei:

– Não compreendem?

– Meus amigos de verdade, sim. Mas meus pais... não sabem.

– Não sabem que você está namorando?

– Sabem, mas eu não disse que o rapaz com quem estou é negro.

– Por quê?

– Não tenho coragem. Acho que eles não iam entender. Eles têm vontade de conhecê-lo, inclusive já se falaram por telefone e o convidaram para ir lá em casa, sabem poucas coisas dele: que estuda Direito e joga basquete, mas nem imaginam que ele é negro. Se nos encontrarem na rua, podem desmaiar!

– Bom, então é só uma questão de contar.

– Eu sei, só não sei como fazer isto.

– Contando. Quanto mais tarde, mais difícil ficará.

– E se não aceitarem...?

– Cris, você está conjeturando. Converse com eles e explique tudo. Talvez a primeira reação seja confusa, mas dê-lhes um tempo.

Ficou um momento pensativa e ao final falou:

– Vou fazer isto, sério, mas, por enquanto, não conta para os meus pais.

Contexto: uma sociedade intercultural

O rosto humano da Europa está mudando devido ao fenômeno da imigração. Os traços que terá no futuro vão depender da integração dos imigrantes. Essa integração passa necessariamente por um processo de assimilação dos valores, normas, formas, cultura e modo de vida da sociedade que os acolhe, sem que isto signifique uma renúncia àquilo que eles são.

Em alguns países esse processo de integração é obstaculizado tanto pelos nativos do lugar como pelos próprios imigrantes, gerando um círculo retroalimentado por muitos preconceitos. Desta forma, se favorece o *comunitarismo*, ou seja, a formação de diversas comunidades dentro da mesma sociedade. Ao encontrar dificuldades para se integrar, as pessoas que vão chegando aos países "hostis" procuram reunir-se com outros de sua mesma nacionalidade, etnia ou religião, formando comunidades mais ou menos fechadas. Se não se puser um freio nesse duplo hermetismo, corre-se o risco de assumir um *separacionismo,* que em nada ajudará a tornar mais humano o novo rosto da Europa.

O esforço de integração deve ser mútuo. Por parte do país de acolhida, talvez se deva começar por considerar os imigrantes como algo mais que mão-de-obra barata e fazer esforços reais para favorecer sua integração. Alguns esforços que devem ser feitos são: professorado especializado, atender às novas necessidades urbanísticas (lugares de culto, enterros), comercializar novos tipos de alimentos, de roupas etc. Por parte dos imigrantes, deverão fazer um esforço para manter o espírito aberto com o qual chegaram aos países de destino e tentar integrar-se o quanto antes. O problema é que, quando uma pessoa chega a uma cidade, já encontra formada uma comunidade de imigrantes, que a acolhe. Essas comunidades, longe de ser intermediárias entre o indivíduo e a sociedade de acolhida, acabam substituindo-a, dificultando o processo de integração. A questão não é simples, porque as comunidades excludentes (o que se vem chamando de *comunitarismo*) se formam tanto a partir de dentro como de fora, produzindo um *feedback* que vai fortalecendo seus muros. Por exemplo, se o país de acolhida se nega a integrar a religião dos imigrantes, certamente eles acabarão transformando sua religião em refúgio e falarão dela como um elemento fundamental de sua identidade (não é isto, por acaso, o fundamentalismo?). Se, ao contrário, favorece que todos possam viver suas crenças com normalidade, a religião já não será o brasão de nenhum exército.

Quem vive com maior perplexidade as contradições do *comunitarismo* são os imigrantes de segunda geração, ou seja, os filhos daqueles que emigraram de seu país e se estabeleceram em outro (como o namorado de Cristina). Esses filhos de imigrantes não nasceram no mesmo lugar que seus pais e já não são como eles. Não se sentem imigrantes, mas a sociedade os trata como tais; nasceram aqui, falam nossa língua, têm nossa cultura, mas carregam sobrenomes, cor de pele, traços que delatam sua origem; estão dentro, mas são considerados de fora. Se voltam ao país de seus pais, encontram muitas dificuldades de integração. São desarraigados, estrangeiros em qualquer lugar.

Aprender com nossos filhos

Cristina não tem coragem de contar para os pais que está namorando um rapaz negro. Não tem coragem porque pensa que eles não vão aceitar. Neste caso, o choque de gerações fica mais patente. Ela vive numa sociedade muito diferente daquela na qual seus pais viveram: o interculturalismo começa a ser uma realidade cotidiana que seus pais têm dificuldade para entender. Cristina, ao contrário, cresceu num ambiente mais aberto e tem uma visão mais ampla sobre questões como a integração e a tolerância. Sua mãe, provavelmente, não teve a oportunidade de namorar um rapaz de outra raça nem de viver a realidade social da filha.

Não vamos dizer qual foi a reação dos pais de Cristina. Mas diremos, sim, que, como em muitos outros casos, aprenderam com sua filha a ser mais tolerantes e abertos, a aceitar uma realidade social diferente daquela em que eles viveram em sua juventude. Na tarefa de educar nossos filhos, nós, os pais, também acabamos sendo educados. Não somente porque o esforço e o interesse que colocamos nisto nos faz melhores, mas fundamentalmente porque eles nos educam. Podemos aprender muitas coisas positivas com nossos filhos: o repúdio à injustiça, a rebeldia, a disposição para aprender, a alegria de viver, a abertura para os outros, a solidariedade, a tolerância, a flexibilidade, o afã de superação etc.

Por isto, neste último capítulo não se trata de dar orientações para prevenir e corrigir , mas de uma coisa mais importante: de nos darmos conta do muito que podemos aprender com nossos filhos, com seus ideais, críticas, sentimentos, reações...

Esses mesmos adolescentes que fomos conhecendo ao longo destas páginas nos colocam problemas, ou seja, oportunidades para melhorar, e com isto nos ajudam a ser pais melhores. Eis alguns conselhos que eles nos dão:

- Busquem sempre as coisas positivas dos filhos e digam isto para eles.
- Se vocês tomarem uma decisão, devem mantê-la. Isto os ajudará a orientar-se.
- Brinquem com seus filhos, divirtam-se com eles, alegrem-se por tê-los por perto. Nunca digam que são um peso.
- Falem com freqüência que gostam deles. Não basta apenas sentir isto.
- Levem-nos em consideração. Nunca digam que as coisas que dizem ou fazem são "bobagens".
- Reconheçam quando tiverem se equivocado. O fato de ser adultos não nos dá a posse da verdade.
- Desliguem a televisão e atendam seus filhos: são mais importantes do que as notícias.
- Não os recriminem diante dos amigos.
- Não sejam pais que se deixam levar; tenham as idéias claras.
- Deixem seus filhos crescerem...

Um bom programa para levar a cabo com otimismo a apaixonante tarefa de ser pais de filhos adolescentes.

Impresso pela gráfica Alaúde.
Primeira quinzena de março de 2005.